Beteiligung übers Reden hinaus

Klaus

Wolfgang Fänderl (Hrsg.)

Beteiligung übers Reden hinaus

Gemeinsinn-Werkstatt:
Materialien zur Entwicklung von Netzwerken

| Verlag BertelsmannStiftung

Bibliografische Information der Deutschen Bibliothek

Die Deutsche Bibliothek verzeichnet diese Publikation in der Deutschen Nationalbibliografie; detaillierte bibliografische Daten sind im Internet unter http://dnb.ddb.de abrufbar.

2. Auflage 2006

Verantwortlich: Michael Seberich
Lektorat: Michael Kühlen
Herstellung: Christiane Raffel
Umschlaggestaltung: Nadine Humann
Umschlagabbildung: Thomas Kunsch, Bielefeld
Grafiken: Michael Schmidt, Augsburg
Satz: digitron GmbH, Bielefeld
Druck: Hans Kock Buch- und Offsetdruck GmbH, Bielefeld
CD- und Web-Programmierung: Carsten Schmitz, Augsburg
ISBN 3-89204-716-2

www.bertelsmann-stiftung.de/verlag

Inhalt

Geleitwort

Es ist Samstag. Irgendwo in Deutschland sitzt der Vorstand eines Sportvereins zusammen. Es wird über die Finanzen, die Pflege der Sportanlagen und das Leistungsniveau der ersten Fußballmannschaft diskutiert. Der Ton der Sitzung wird hilflos, als das geringe Engagement von jungen Menschen in dem Verein angesprochen wird.

Eine solche Ratlosigkeit ist vielen Verantwortlichen in Vereinen, Parteien und Bürgerinitiativen in Deutschland vertraut. Die Förderung von Engagement, nicht nur von jungen Menschen, beschäftigt die Politik, die Wohlfahrtsverbände, die Kommunen, die Wirtschaft und andere gesellschaftliche Akteure. Die Zukunftsfähigkeit unserer Gesellschaft hängt davon ab, ob der Bürger aktiv in die Gestaltungsprozesse unserer Demokratie eingebunden werden kann. Beteiligung schafft Verantwortung, und Verantwortung sichert ein langfristiges Engagement für die Gesellschaft.

Auf den ersten Blick scheint das Konzept der Bürgergesellschaft insbesondere zur Stärkung unserer Demokratie wünschenswert. Die Diskussion wird jedoch vor dem Hintergrund immer knapper werdender öffentlicher Mittel und dem notwendigen Umbau der sozialen Sicherungssysteme geführt. Dies sind denkbar schlechte Vorzeichen für eine aktive Bürgergesellschaft. Aber jede Krise birgt ihre Chance: Es besteht jetzt die Möglichkeit, ein gesellschaftliches Leitbild zu entwickeln, das der aktiven Bürgergesellschaft eine höhere Bedeutung als bisher zumisst. Dieser Paradigmenwechsel wird in der Wissenschaft schon seit längerem mit der Formel »Vom Erfüllungsstaat zum Gewährleistungsstaat« diskutiert. Ein Gewährleistungsstaat würde wieder mehr Verantwortung an den Bürger übertragen und so Gemeinsinn nicht nur fördern, sondern auch fordern. Das vorliegende Buch beschreibt mit der Gemeinsinn-Werkstatt ein Prozessverfahren, das zu Engagement einlädt und beim Aufbau bürgergesellschaftlicher Netzwerke helfen kann.

Die Entwicklung der Gemeinsinn-Werkstatt wäre nicht möglich gewesen ohne das Engagement von zahlreichen Wissenschaftlern, Großgruppenmoderatoren, Internet-Fachleuten und Prozessberatern. Ein besonderer Dank geht an den Herausgeber dieses Buches, Wolfgang Fänderl, der mit einem kleinen Team von Mitarbeitern am Centrum für angewandte Politikforschung der Universität München die treibende Kraft bei der Entwicklung und Dokumentation der Gemeinsinn-Werkstatt war. Die Entstehung der Gemeinsinn-Werkstatt selbst ist ein beteiligungsorientierter Prozess gewesen. Mein Dank gilt deshalb allen Personen, die daran mitgewirkt haben.

Prof. Dr. Dr. h. c. Heribert Meffert
Vorsitzender des Vorstands der Bertelsmann Stiftung

Vorwort

Die Idee der aktiven Bürgergesellschaft ist derzeit politisch nicht en vogue, obwohl ihre Umsetzung gerade jetzt von größter Bedeutung wäre. Das war noch vor einiger Zeit deutlich anders: Der Bundestag hatte in der Legislaturperiode 1998–2002 eine Enquetekommission zur Zukunft des bürgerschaftlichen Engagements eingesetzt; auch durch das Internationale Jahr der Freiwilligen 2001 war dem Thema viel Aufmerksamkeit geschenkt worden.

Inzwischen sind politisch prominent verankerte Diskurse zur Zivilgesellschaft seltener geworden. Das ist umso erstaunlicher, als die Politik immer mehr Verantwortung an die Bürger weiterreichen möchte, allerdings meist verkürzt auf den Gedanken, dass die Risikovorsorge vom Staat auf den Einzelnen verschoben werden soll. Es ist keine Perspektive der aktiven Beteiligung von Bürgern an der Entwicklung des Gemeinwesens erkennbar, sondern eher eine Stimmung der Demoralisierung, die auf einer fatalen Koalition von Bürgerverdrossenheit der Politik und Politikerverdrossenheit der Bürger beruht.

Warum hat das Interesse an zivilgesellschaftlichen Diskursen nachgelassen? Der Aufmerksamkeitsverlust steht zunächst einmal in einem eklatanten Widerspruch zu dem, was wir über das (potenzielle) Freiwilligenengagement in Deutschland wissen. Der Freiwilligensurvey von 1999 hat gezeigt, dass zu dem bereits hohen Niveau von etwa einem Drittel der Bevölkerung (34 Prozent), das sich engagiert, ein weiteres Viertel (26 Prozent) hinzukommt, das am Engagement interessiert ist. Der gerade durchgeführte zweite Freiwilligensurvey zeigt, dass sich die Zahlen in den zurückliegenden fünf Jahren noch erhöht haben (36 Prozent engagiert und 32 Prozent an Engagement interessiert).

In diesem Zusammenhang hat Helmut Klages von einem »brachliegenden Potential« und einer »riesigen ›schlafenden Ressource‹« gesprochen. Man könnte vom »Dornröschen«-Phänomen der Bürgergesellschaft sprechen. Wie können diese »schlafenden Ressourcen« aufgeweckt werden? Wo sind die potenziell Engagierten? Wie kann man sie erreichen und zu konkreten Projekten ermuntern? Als eine Antwort auf diese Fragen sind die Freiwilligen-Agenturen entstanden, aber sie haben Dornröschen noch nicht aus dem Schlaf geholt. Vielleicht ist zu viel über brachliegendes Potenzial geredet worden, ohne dass konkrete Handlungsmöglichkeiten erkennbar gewesen wären. Das schafft einen Vorrat resignativen Wissens.

Genau an diesem Punkt eröffnet die »Gemeinsinn-Werkstatt« Perspektiven: Sie bietet einen Werkzeugkasten für konkrete Projektentwicklungen; sie tut das auf dem aktuellen Niveau erwachsenenpädagogischer und verfahrenstheoretischer Konzepte und Erfahrungen; sie folgt der Maxime, dass Diskurse sich erschöpfen können, wenn sie nicht die Chance zur handelnden Umsetzung eröffnen.

Mir scheint ein Merkmal in der Konzeption einer zivilgesellschaftlichen Lernwerkstatt besonders bedeutsam und zukunftsfähig: Obwohl der »Gemeinsinn«-Begriff eine eher traditionelle Vorstellung von sozialem Zusammenhalt und Solidarität suggeriert, steht beim Werkstattgedanken ein anderer Gedanken im Mittelpunkt: Menschen können heute immer weniger für ein Engagement gewonnen werden, wenn man von ihnen erwartet, ihre eigenen Wünsche und Ideen zugunsten einer Gemeinschaftsverpflichtung aufzugeben. Sie wollen in ihrem Engagement ihre Vorstellungen vom »guten Leben« realisieren, aber sie wissen auch, dass sie dafür Mitstreiter brauchen. Diese Dialektik von Individualität oder Autonomie einerseits und kollektiver Handlungsfähigkeit andererseits prägt Engagement heute – und sie steht im Zentrum der in diesem Buch vorgestellten zivilgesellschaftlichen Lernwerkstatt.

Prof. Dr. Heiner Keupp
Lehrstuhl für Sozial- und Gemeindepsychologie
an der Ludwig-Maximilians-Universität München

Einführung

Gemeinsinn als Ausgangspunkt

Was motiviert Menschen dazu, sich freiwillig für etwas zu engagieren? Wie lässt sich eine breite Basis für die Umsetzung von gemeinsamen Anliegen finden? Auf welche Weise kommt freiwilliges Engagement über das Stadium von Absichtserklärungen zum Tragen?

Um Antworten auf solche Fragen zu finden, wurde im Sommer 2000 das Forschungs- und Entwicklungsprojekt »Gemeinsinn« ins Leben gerufen. Dieses Projekt machte sich zur Aufgabe, theoretische Erklärungen und innovative Methoden zu entwickeln und praktische Erfahrungen zu sammeln, um sie als Bildungsprogramme an Interessierte weiterzuvermitteln.

Auf konzeptioneller Ebene stellte sich schnell heraus, dass der Begriff »Gemeinsinn« in seiner Bedeutung oftmals unterschätzt und auch missinterpretiert wird. Denn Gemeinsinn bezieht sich auf nichts Geringeres als auf soziales Bewusstsein, soziales Engagement und soziale Fähigkeiten, die unser Zusammenleben im Alltag verbessern helfen und angenehmer machen. Weil Gemeinschaft und Individuum aufeinander angewiesen sind, kann sich Gemeinsinn (sinnvoll für alle) ohne ein gesundes Maß an »Eigensinn« (sinnvoll für den Einzelnen) nicht wirklich weiterentwickeln.

Die Recherche nach effektiven Methoden der Gemeinsinn-Förderung ergab außerdem, dass es nicht ausreicht, kognitiv vermittelte Gemeinsinn-Seminare oder gruppendynamische Selbsterfahrungs-Workshops zu adaptieren, weil Wissen und Selbsterfahrung allein noch nicht zum Handeln führen. Es zeigte sich zwar, dass innovative Moderationstechniken und Workshop-Methoden durch ihren Praxisbezug Gemeinsinn spürbar machen können, aber für nachhaltige Gemeinsinn-Förderung zu kurzfristig angelegt sind. Um Gemeinsinn reflektiert kennen zu lernen und zu fördern, reicht es nicht, eine Veranstaltung durchzuführen. Man muss den Blick auch auf das Geschehen davor und danach richten.

Aus diesen Erkenntnissen entstand der Anspruch der »Beteiligung über das Reden hinaus«. Dieser Anspruch wurde auch zur Maxime bei der Entwicklung eines neuen Verfahrens, das wertschätzend, handlungsorientiert und nachhaltig zugleich ist. Ein Kreis von Experten sammelte über vier Jahre lang Erkenntnisse aus der Motivations-, Partizipations- und Netzwerkforschung, wertete Erfahrungen mit Großgruppenprozessen und selbst organisierter Projektbegleitung aus und entwickelte daraus ein neues Beteiligungsverfahren: die »Gemeinsinn-Werkstatt«.

Einsatzfelder von Gemeinsinn-Werkstätten

Gemeinsinn-Werkstätten kamen im Verlauf der Entwicklungsphase in ganz unterschiedlichen Kontexten zum Einsatz: von Stuttgart bis Frankfurt an der Oder, über einen Zeitraum von sechs Monaten bis eineinhalb Jahren, mit engagierten Jugendlichen und professionellen Multiplikatoren, regionalen Bürgerinitiativen und Angehörigen einer Universität – über Hierarchien, Generationen und Interessengruppen hinweg. Auf diese Weise gelang es, ein eigenes interdisziplinäres und überregionales Begleitnetzwerk für Gemeinsinn-Prozesse aufzubauen.

Das Spektrum des Interesses und der Beteiligung an Gemeinsinn-Werkstätten reicht vom Bildungs- und Sozialbereich über kommunale und staatliche Träger, Vereine und Verbände bis hinein in Wirtschaft und Wissenschaft. Die Erkenntnisse lassen sich sowohl im privaten wie im beruflichen Umfeld nutzen. Sie eignen sich insbesondere, um den methodischen Rahmen zur Selbstorganisation freiwilligen Engagements abzustecken, beispielsweise um

- Anliegen gemeinsam anzugehen und unterschiedliche Menschen dafür zu gewinnen (Beteiligung);
- Prozesse der Zusammenarbeit in Gang zu setzen und partnerschaftlich zu koordinieren (Kooperation); und um
- Strukturen zu entwickeln, die über eine Veranstaltung oder ein Projekt hinaus tragfähig und nachhaltig sind (Vernetzung).

Projektpublikation zur Gemeinsinn-Werkstatt

Fünf Testläufe in unterschiedlichen Kontexten ergaben, dass die Umsetzung von Gemeinsinn-Werkstätten mehr benötigt als aufmunternde Worte. Gemeinsinn-Werkstatt wurde zum umfassenden Begriff von drei Dimensionen der Gemeinsinn-Förderung: den theoretischen Gemeinsinn-Grundlagen, dem praktischen Projektverfahren und dem unterstützenden Begleitnetzwerk.

Der vorliegende Leitfaden leitet diese drei Dimensionen ein (Kapitel 1), beschreibt ihre wichtigsten Merkmale (Kapitel 2 bis 4), hinterfragt ihre Nützlichkeit für den Leser (Kapitel 5) und bietet ergänzende Zusatzinformationen (Kapitel 6). Neben anregenden Fragen und anschaulichen Beispielen bietet er Verweise auf Vertiefungsmöglichkeiten im Gemeinsinn-Werkstatt-Baukasten auf beiliegender CD und im Internet.

Das Konzept der Gemeinsinn-Werkstatt wurde von erfahrenen Wissenschaftlern und Praktikern entwickelt. An dieser Stelle einen herzlichen Dank allen Auftraggebern und Kooperationspartnern, allen Kolleginnen und Kollegen, die diesen Entwicklungsprozess tatkräftig unterstützt haben.

Eine herzliche Einladung gilt jenen, die das vorliegende Handwerkszeug für ihre persönliche »Gemeinsinn-Werkstatt« im Alltag nutzen wollen: Wählen Sie aus, was Ihnen wichtig erscheint, und teilen Sie uns Ihre Erfahrungen, Erkenntnisse und Ihre Verbesserungsvorschläge mit! Die Gemeinsinn-Werkstatt mit ihrem sich deutschlandweit entwickelnden Begleitnetzwerk fördert nicht nur Gemeinsinn, sie lebt von ihm und wird sich durch ihn weiterentwickeln.

Und jetzt viel Spaß und Erfolg beim Beteiligen – über das Reden hinaus!

Wolfgang Fänderl
Centrum für angewandte Politikforschung,
Ludwig-Maximilians-Universität München

Hinweise zur Benutzung

System des Baukastens

Die vorliegende Publikation präsentiert die Ergebnisse der neu entwickelten Gemeinsinn-Werkstatt in zwei Teilen: dem gedruckten Leitfaden und dem weit umfangreicheren Baukasten auf der beiliegenden CD-ROM.

Die einzelnen Beiträge sind thematisch dem Baukasten der Gemeinsinn-Werkstatt auf CD zugeordnet und mit entsprechenden Kennziffern versehen. Auf dieser sind die Kapitel des Leitfadens (Kapitel 1 bis 6) ebenso gespeichert wie die vertiefenden Kapitel 7 bis 9 und zusätzliche unter »Essenz« aufgeführte Detailinformationen.

> Die »Kennziffern« dienen der schnelleren Auffindung eines Baukasten-Elements. Der Abschnitt Motivation und Freiwilligkeit hat z. B. die Kennziffer »→ E21«: »E« steht für Essenz-Information, »21« für das Kapitel 2.1, und der Pfeil ist Hinweis auf einen Link oder Suchbegriff im Baukasten.

Die anderen Schlüsselbuchstaben werden in Kapitel 6.3 erläutert. Allgemeine Zusatzinformationen finden sich in Kapitel 6.1 (→ E61).

Aufbau der Kapitel

Zu Beginn jedes Kapitels (Überschriften mit einstelliger Zahl) werden die drei Unterkapitel (Überschriften mit zweistelligen Zahlen) zur besseren Orientierung stichwortartig vorgestellt. Die Unterkapitel beginnen mit einführenden Fragen, die Gelegenheit zur eigenen Reflexion geben. Gleichzeitig leiten sie die folgenden Abschnitte (Überschriften mit dreistelligen Zahlen) ein.

Kapitel 5.1 (→ E51) bietet die Möglichkeit, das Fragensystem im Stile der »Frequently Asked Questions« im Internet zu nutzen. Das Glossar definiert die wichtigsten Fachtermini und verweist im Sinne eines Stichwortverzeichnisses auf erläuternde Stellen im Leitfaden und im Baukasten. Praktische Beispiele sind grau hinterlegt.

Abbildung 1: Screenshot Gemeinsinn-Werkstatt-Baukasten

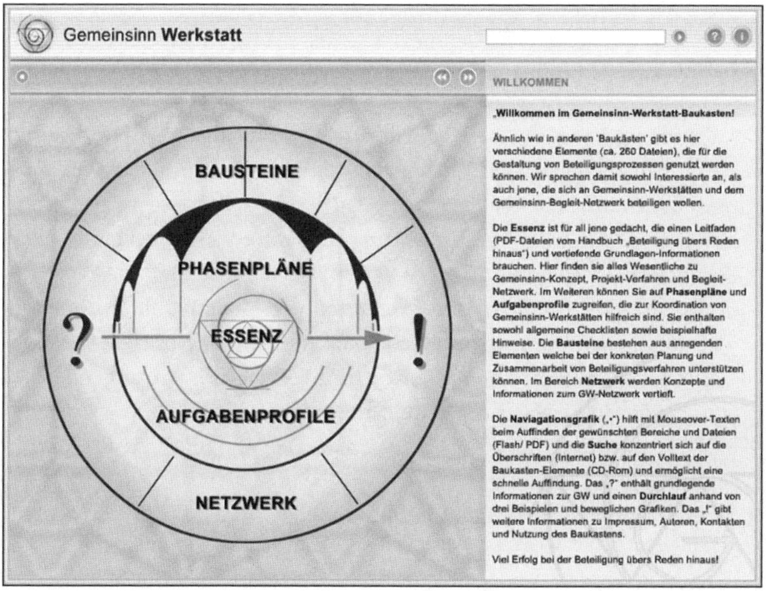

Benennung von Personen

Mit Rücksicht auf die weibliche Leserschaft wurde im Leitfaden für die Bezeichnung von Personen häufig eine neutrale Form gewählt (z. B. Begleitende). Mit Rücksicht auf die Lesbarkeit des Textes wurde in der Regel die männliche Sprachform verwendet, die selbstverständlich immer auch Frauen meint.

1 Der Kontext: Beteiligung und Gemeinsinn

Beteiligung im Rahmen einer Gemeinsinn-Werkstatt wird als freiwilliges gesellschaftliches Engagement verstanden, das übers Reden hinaus Vereinbarungen zu praktischem Handeln anstrebt. Dieses Kapitel beschreibt

- die Gründe für sowie die Umsetzung und Ziele von »Beteiligung übers Reden hinaus« in großen Gruppen (→ E11),
- Anforderungen für Beteiligungsverfahren der Moderne, ihren Experten-Begriff und den Umgang mit Nachhaltigkeit und Komplexität (→ E12),
- das »Beteiligungsverfahren Gemeinsinn-Werkstatt« und anhand eines anschaulichen Beispiels seine drei Dimensionen (→ E13).

1.1 Beteiligung übers Reden hinaus

Leitfragen dieses Unterkapitels sind:

- Wodurch entsteht Beteiligung an Gemeinsinn-Prozessen?
- Was meint Beteiligung übers Reden hinaus?
- Was kann gemeinsinnige Beteiligung bewirken?

1.1.1 Beteiligung bei brennenden Anliegen

Gemeinsinn braucht einen Anlass

Die Flutkatastrophe 2002 in Ostdeutschland rief selbst in den Nachbarländern eine hohe Solidarität hervor. Ob professionelle Helfer oder ehrenamtliche Unterstützung, staatlicher Schadensausgleich oder private Spendenbereitschaft, freiwilliges Engagement war mehr als nur en vogue, es war bitter nötig! Es ging um Existenzielles, und dabei hatten weder Betroffene noch Helfer Überstunden oder materielle Vergütungen im Sinn. Sie wollten sich freiwillig engagieren, denn dieses Engagement war sinnvoll.

Inzwischen wird von einer »Renaissance des Gemeinsinns« gesprochen

(Straus 2002: 188), das Wort quer durch alle Parteien, Verbände und Wirtschaftsunternehmen benutzt und für viele Bereiche des Gemeinwesens beansprucht. Doch Gemeinsinn lässt sich nicht instrumentalisieren. Menschen haben ein feines Gespür dafür, wann es sich um echte Bedürfnisse handelt und wann Gemeinsinn als »Lückenbüßer« dient, beispielsweise um freiwilliges Engagement für eigene Zwecke zu missbrauchen. Gemeinsinn benötigt zwar nicht unbedingt Anlässe solchen Ausmaßes; sie helfen aber zu verstehen, warum Menschen sich freiwillig für die Gemeinschaft engagieren.

> Je stärker ein Anliegen »unter den Nägeln brennt«, je mehr Menschen es betrifft, je mehr Menschen benötigt werden und je weniger es mit konventionellen Mitteln umgesetzt werden kann, desto mehr wächst die Bereitschaft zu gemeinsinniger Beteiligung.

Schon die Metapher des Feuers im Begriff des »brennenden Anliegens« betont den Handlungsbedarf. Dabei kann das Anliegen sowohl defizitär als »Katastrophenbewältigung« verstanden werden als auch von einer »leuchtenden Vision« getragen sein.

Freiwillige Beteiligung als gemeinsame Sache

Es muss aber nicht immer eine Flutkatastrophe sein: Auch im Alltag gibt es Handlungsbedarf. Viele solcher alltäglichen Anliegen lassen sich routinemäßig mit relativ einfachen Mitteln und mithilfe weniger Menschen bewältigen. Was aber ist zu tun, wenn ein Anliegen unterschiedliche Personen betrifft und das Engagement vieler erfordert?

Dies kann beispielsweise der Fall sein, wenn es darum geht, in der eigenen Organisation ein innovationsförderndes Klima zu schaffen, die Schule für Kinder, Lehrer und Eltern lebenswerter zu machen oder den eigenen Stadtteil für sich und die Nachbarn lebendiger zu gestalten. Solche Veränderungen sind ohne Beteiligung und Mitwirkung anderer kaum zu verwirklichen.

Wer gefragt wird, ob er sich an einem Projekt beteiligen will, wägt zunächst ab, ob seine Fähigkeiten dazu ausreichen, welche Erfolgsaussichten sein Engagement hat und ob der erforderliche Zeit- und Arbeitsaufwand angemessen ist. Grundsätzlich aber lässt sich festhalten:

> Freiwilliges Engagement ist dort sinnvoll, wo mehrere etwas wollen, möchten und können, was sie allein nicht könnten!

Sobald ein Anliegen das Engagement einer Vielzahl von Menschen benötigt, kommt es zu Gruppenprozessen, die über das gewohnte Maß einzelner und alltäglicher Kontakte hinausgehen. Erfolgreiche Beteiligung in großen Gruppen aber erfordert spezifische Klärungs- und Aushandlungsprozesse, angemessene Methoden der Planung, Umsetzung und Reflexion sowie bestimmte Fähigkeiten und Kenntnisse.

Katastrophenhelfern stehen andere Mittel zur Verfügung als denen, die Großgruppenprozesse begleiten und dafür mehr Zeit haben. Beide wollen etwas im Sinne der Gemeinschaft bewirken. Sie haben aber unterschiedliche Ausgangslagen hinsichtlich der verfügbaren Zeit oder geeigneter Methoden, um dieses Ziel, das Zusammenspiel der Kräfte und die wechselseitige Ergänzung und Bereicherung (Synergie), zu erreichen.

> Je längerfristig und bewusster sich freiwilliges Engagement entwickeln kann, desto nachhaltiger wirkt es auf den Umgang einer Gemeinschaft, und umso mehr lernen alle Beteiligten daraus für den eigenen Alltag.

1.1.2 Beteiligung mit Kopf, Herz und Hand

Konzentration auf das Wesentliche

Die Früchte – eine Fabel

Die Wahrhaft Weisesten Männer des Landes der Narren erhielten eines Tages die Nachricht, daß die Bäume jetzt Früchte trügen, und so machten sie sich auf, um sie einzusammeln. Und tatsächlich: die Bäume waren überladen und ihre Äste neigten sich fast bis zum Boden hinunter.

Als die Wahrhaft Weisesten Männer zu den Bäumen kamen, begannen sie zu beraten, welche Sorte sie wohl zuerst abernten sollten. Weil sie zu keiner Einigung kamen, versuchten sie sich an einem anderen Thema. Da entdeckten sie, daß es keine Übereinstimmung darüber gab, ob man die Früchte mit der linken oder mit der rechten Hand pflücken solle. Dann tauchte ein Problem mit ähnlich komplizierten Begleitumständen auf, und noch ein weiteres, bis ihnen klar wurde, daß man sich an einen geeigneteren Ort zurückziehen müsse, um die Dinge gründlich auszudiskutieren.

Zum guten Schluß und unter Mitwirkung aller gelehrten Institutionen kam es dann doch zu einer Einigung. Wieder fanden sich die Wahrhaft Weisesten Männer unter den Bäumen ein. Aber inzwischen herrschte Winter. Die Früchte waren abgefallen und lagen vor sich hinfaulend auf der Erde. »Wie schade, daß diese Bäume so heimtückisch sind«, riefen die Wahrhaft Weisesten Männer aus. »Diese Äste hatten kein Recht, sich wieder so weit hinaufzuschwingen. Aber macht euch nichts daraus: Wie ihr seht, waren die Früchte sowieso faul.« (Shah 1984).

Diese Geschichte zeigt, wie wichtig das Timing von Prozessen ist und wie belangloser Austausch Prozesse behindern kann. Außerdem wird deutlich, dass auch Nichtstun eine Art Handeln ist, das Auswirkung auf Umwelt und Gemeinschaft hat.

Beteiligung, die Spaß macht

»Beteiligung« steht für Teilhabe, Teilnehmen, Teilen und Anteil nehmen. Als ganzheitlicher Prozess verstanden und nach dem Prinzip des Gebens und Nehmens gestaltet, führt sie zu neuen Erfahrungen und neuem Wissen.

Bereits einer der Vorväter des modernen Schulwesens setzte auf eine »Bildung mit Kopf, Herz und Hand«. Johann Heinrich Pestalozzi meinte damit ein Lernen, in dem sich Erkenntnisvermögen, Emotion und Handeln »methodisch« miteinander verbinden. Gemeinschaftliches, mit sich selbst in Übereinstimmung gebrachtes, integriertes Leben und Lernen sind aber selten. Vieles wird nur durch Reden vermittelt. Entsprechend attraktiv ist erlebtes und vollzogenes Handeln. Noch attraktiver ist ein Handeln, das sinnvoll ist und persönliche Früchte trägt. Am attraktivsten dürfte demnach eine aktive Beteiligung sein, von der zudem auch die Gemeinschaft profitiert, die den Handelnden entsprechend positiv bestärkt.

Jugendliche wie Erwachsene sehen darin einen Mehrwert und nennen ihn »Spaß«: »Macht das Spaß, wenn ich mich hier engagiere?« Damit sind keine Belobigungen und Dankesreden gemeint. Es hat auch wenig mit Jux und Tollerei zu tun oder mit selbstbezogenem Eigennutz. Vielmehr geht es um eine Tätigkeit, die befriedigend und sinnvoll ist, d.h. die Sinne erfüllt und dem eigenen Leben Sinn gibt. Das Individuum orientiert sich dabei an den Bedürfnissen der Gemeinschaft:

»Die Haltung des Gemeinsinns wurzelt in der Sozialität des Individuums. Die Erfahrung, nicht als autonomes Einzelwesen zu existieren, sondern sich im Raum von Gemeinschaften zu entwickeln und zu entfalten, ist für jeden Menschen elementar und existenziell« (Bertelsmann Stiftung 2002: 37).

Was gesellschaftlich sinnvoll ist

Gemeinsinn ist also tief im Lebensalltag verankert und geht weit über institutionalisierte Formen der freiwilligen Arbeit und ehrenamtliches Engagement hinaus.

Eine zu Beginn des Forschungs- und Entwicklungsprojektes Gemeinsinn durchgeführte Bedarfsanalyse und Methodenrecherche führte zu Schlussfolgerungen, die letztlich den Anstoß zur Entwicklung der Gemeinsinn-Werkstatt als Projektverfahren gaben (vgl. Fänderl 2001):

- Der demographische und sozioökonomische Wandel in Deutschland zeigt großen Handlungsbedarf in Bezug auf soziale Reformen, die sowohl die Selbst- und Mitverantwortung des Einzelnen fördern als auch Netzwerkstrukturen über Interessengruppen hinaus aufbauen helfen.
- Die Formen des freiwilligen Engagements haben sich verändert, da die moderne Gesellschaft mehr Eigenverantwortung, Flexibilität und Zusammenarbeit zwischen unterschiedlichen Kulturen, Disziplinen, Alters- und Interessengruppen erwartet.
- Als zukunftsfähige Rahmenbedingungen für gemeinsinniges Handeln gelten verschiedene »Netzwerke bürgerschaftlichen Engagements« (Keupp 2000: 98 ff.), in denen starke Alltagssolidarität entstehen kann.

1.1.3 Beteiligung als aktive Vernetzung

Beteiligung in demokratischer Gesellschaft

Demokratie ist mehr als ein Abstimmungsprozess mit Mehrheitsentscheid. Demokratie achtet auf Minderheitenmeinungen und versucht, unterschiedliche Bedürfnisse gemäß den Menschenrechten miteinander in Einklang zu bringen. Demokratie baut Brücken zwischen sozialen Anliegen und individuellen Bedürfnissen. In einer pluralistischen, westlich orientierten Gesellschaft geht Gemeinsinn vom Individuum aus. Er folgt dem Leitbild der Zivilgesellschaft: Selbstbestimmung, Partizipation und soziale Fairness.

Gemeinsinnige demokratische Beteiligungsprozesse vermeiden Isolierung bzw. Ausgrenzung Einzelner und beziehen Betroffene, aber bisher Unbeteiligte, rechtzeitig mit ein.

Beteiligung in Zeiten schnellen Wandels

Das Individuum hat auch deshalb Priorität, weil eine Gemeinschaft komplexen Herausforderungen leichter begegnen kann, wenn sie Unterschiedlichkeit zulässt und sich die Potenziale der Einzelnen frei entfalten können. Dies erfordert Fähigkeiten, die z. B. Leonardo da Vinci besaß: »die Spannung zwischen Gegensätzen auszuhalten und mit Unsicherheiten, Paradoxa des Lebens zurechtzukommen. In unserer Zeit schneller Veränderungen können wir diese Toleranz gut gebrauchen« (Vopel 2000: 273). Gerade Querdenkern gelingt es, in gemeinschaftlichen Krisen zu effektiveren Lösungen zu finden als Routiniers. Die Gemeinschaft kann schneller auf »ungewöhnliche« innovative Lösungen ausweichen, wenn diese Vielfalt beizeiten gefördert wurde.

Beispiel Energieversorgung: Wären in Zeiten, als alternative Energien wegen der hohen Herstellkosten im Vergleich zur Stromgewinnung durch Erdöl und Atomkraft unrentabel schienen, keine Fördermittel in die Erforschung der Solarenergie geflossen (die dennoch nur einen Bruchteil der Subventionen für die Atomenergie errreichten), gäbe es heute keine erschwinglichen Sonnenkollektoren. Mit ihnen lässt sich inzwischen nicht nur in Zeiten von Rohölknappheit und in Gebieten mit geringer Bevölkerungsdichte und vielen Sonnentagen günstig Strom gewinnen. Ehemalige Außenseiter entwickelten sich zu Pionieren einer zukunftsfähigen Wachstumsbranche.

Während im industriellen Gesellschaftsmodell die Innovation zumeist eine Angelegenheit weniger Spezialisten war, bezieht ein postindustrielles Innovationsmodell seine Ressourcen aus einer Vielzahl unterschiedlicher Akteure und gesellschaftlicher Teilbereiche. Die Welt rückt zusammen; in der aufkommenden Wissensgesellschaft werden viele vertraute Grenzen eingerissen und neue gezogen. Offener Umgang miteinander und Wertschätzung unterschiedlicher Lebensformen und Arbeitsweisen helfen, die Zukunft zu sichern.

Beteiligung mit Umsicht

Der Slogan »Global denken, regional handeln« und die Forderung nachhaltiger Selbst- und Mitverantwortung (Agenda 21) gehen auf dem Weg der Integration noch einen Schritt weiter, indem sie die Konsequenzen für Außenstehende und nachfolgende Generationen in Überlegungen und Handlungen einbeziehen. Diese Integration anderer Perspektiven und Bedürfnisse ist ein wichtiger Bestandteil von Gemeinsinn, kann aber nicht einfach gefordert werden. Sind die dafür erforderlichen Rahmenbedingungen nicht gegeben, kann es schnell zur Überforderung der Beteiligten kommen.

Freiwilliges Engagement in Gemeinschaften entsteht, wenn sich Menschen mit den Zielen anderer identifizieren können, einander vertrauen und sich zugehörig fühlen. Die Beteiligten benötigen ausreichend Zeit, um sich einzubringen, und regelmäßige Erfolgserlebnisse, um stufenweise immer mehr Verantwortung übernehmen zu können. Auf dieser Basis lassen sich dann auch weitere und größere Projekte realisieren.

Dabei besteht jedoch ein Risiko: Die Konzentration auf globale Probleme darf nicht dazu führen, dass das eigene Umfeld und die eigene Person vernachlässigt werden. Der Blick über den Tellerrand (Mitverantwortung) ist ebenso wichtig wie der Blick auf das engere Umfeld und die eigene Person (Selbstverantwortung).

Gemeinsinn als Beteiligungsziel

Gemeinsinn im Rahmen einer Gemeinsinn-Werkstatt ist eine besondere Form der Gemeinschaftsorientierung, die auf drei Ebenen stattfindet:

- Soziales Bewusstsein (Kopf) sorgt für gemeinsame Ziele und Nachhaltigkeit.
- Soziales Engagement (Herz) äußert sich in gegenseitigem Verständnis und Vertrauen.
- Soziale Kompetenz (Hand) ist gekoppelt an geteilte Selbst- und Mitverantwortung.

> Gemeinsinn steht für die Gemeinschaftsorientierung des Individuums. Er setzt die gruppenübergreifende Wertschätzung Einzelner voraus und äußert sich in nachhaltiger Selbst- und Mitverantwortung.

1.2 Beteiligungsverfahren der Moderne

Leitfragen dieses Unterkapitels sind:
- Warum sind Methoden wichtig?
- Welche Anforderungen müssen Beteiligungsmethoden erfüllen?
- Was können moderne Beteiligungsverfahren leisten?

1.2.1 Experten aktiver Beteiligungsprozesse

Expertenschaft auf breiter Basis

Welche methodischen Verfahren sind für die Realisierung der Ziele einer Beteiligung übers Reden hinaus erforderlich? Was ist zu tun, wenn in einem Raum 3, 30, 300 oder noch mehr Leute zusammenkommen, um sich über ein brennend aktuelles Thema, das sie alle betrifft, auseinander zu setzen?

Die herkömmliche Methode passiver Beteiligung ist hinlänglich bekannt: Es werden Reden gehalten, Expertenmeinungen vorgetragen und gegensätzliche Positionen verteidigt. Die Experten stehen vorne, die Teilnehmer verfolgen das Schauspiel von ihren Sitzen. Ihre Beiträge in solch einer Veranstaltung beschränken sich auf Beifallklatschen, »Buh«-Rufe oder allenfalls die Erlaubnis, am Schluss Fragen an die Experten zu stellen. Auf diese Weise wird nur bedingt Handlungsenergie freigesetzt.

Aktive Beteiligungsprozesse in Form von Workshops gehen davon aus, dass alle Beteiligten sowohl Fragen als auch praktikable Antworten mitgebracht haben. Erfahrene Begleitende tragen zur Klärung der Themen sowie zur organisatorischen und methodischen Gestaltung des Verfahrens bei, indem sie die vorhandene Lebenserfahrung so schnell und gut wie möglich in Kontakt bringen und nutzen. Auf diese Weise lassen sich funktionierende Lösungen entdecken, neue Anregungen wohlwollend prüfen und weiterentwickeln. Nur so kommen die Kompetenzen und Erfahrungen der beteiligten Personen voll zum Tragen. Der Prozess wird im gegenseitigen Einvernehmen und selbst organisiert gesteuert und damit auch Handlungsenergie frei.

Experten freiwilligen Engagements

Die Möglichkeiten der Umsetzung von Expertenwissen können letztlich nur diejenigen Personen einschätzen, die es selbst für die Praxis benötigen. Insbesondere wenn es um freiwilliges Engagement geht, sind nicht Wissen und Können allein ausschlaggebend, sondern die beim Prozess entwickelten Kontakte, die Kommunikationsbereitschaft, die Begeisterung und das entstehende Selbstvertrauen. Wenn das gemeinsame Ziel trägt und zur Bildung von Arbeitsgruppen beiträgt, können sich unterschiedliche Erfahrungen und Fähigkeiten bei den Beteiligten ergänzen, sodass der Mehrwert für alle Gruppenmitglieder steigt:

> Je vielfältiger die Kompetenzen und Ressourcen in einer Gruppe, desto praktikabler, tragfähiger und nachhaltiger sind die von ihnen entwickelten Lösungen (Teamgedanke).

Die Erfahrung zeigt, dass auch in hierarchischen Strukturen beispielsweise der Schuldirektor von seinen Schülern, der Bürgermeister vom Obdachlosen, die Hausverwaltung vom Hausmeister lernen kann. Wenn alle Parteien zu einem konstruktiven Austausch bereit sind, können sie zu wertvollen Partnern auf dem Weg zur gemeinsamen Lösung werden.

Expertenschaft wahrnehmen und fördern

Experten sind Menschen mit Spezialwissen, und ein einzelner Mensch kann über Fachwissen auf verschiedenen Gebieten verfügen. Werden nicht Zeit, Aufmerksamkeit und förderliche Methoden beim Austausch eingesetzt, bleiben viele dieser Schätze häufig unerkannt. Selbst Partner, Freunde und Arbeitskollegen wissen oft nicht, welche Talente, Kenntnisse und Erfahrungen der andere mitbringt. Aktive Beteiligungsprozesse helfen, solche schlummernden Potenziale aufzuspüren, und tragen so zu besseren Lösungen bei.

Zum Experten kann man sich aber auch entwickeln. Wer weiß, wo seine Interessen liegen und wofür er sich engagieren möchte, kann das dafür erforderliche Wissen erlernen – zum Beispiel in Schulen, Bildungseinrichtungen oder in der Praxis des alltäglichen Lebens.

> Expertenschaft ist kein Privileg einiger Wissenschaftler. Jeder Mensch hat das Potenzial zum Experten.

Auch Experten sind Menschen – und Menschen machen Fehler. Wer zu seinen Fehlern steht, kann nicht nur selbst aus diesen lernen, sondern auch anderen helfen, solche oder ähnliche Fehler zu vermeiden. Deshalb sind bei aktiven Beteiligungsprozessen alle Mitwirkenden aufgefordert, ihr individuelles Expertenwissen einzubringen, das Wissen anderer zu nutzen und beides bei Bedarf auch zu hinterfragen.

Gemeinschaftsfähigkeit entwickeln

In der modernen, globalisierten Informations- und Dienstleistungsgesellschaft hat sich der Umgang sowohl mit neuen Technologien als auch mit den Mitmenschen verändert. Sie bietet vielfältige Optionen und Beteiligungsalternativen – und damit neue Herausforderungen an die Selbstorganisation und die Vernetzung innerhalb dieser Möglichkeiten.

Die Fähigkeit, in und mit diesen vielseitigen Gemeinschaften zu leben, entwickelt sich mit der Vielzahl an Kontakten und Herausforderungen. Dafür reicht familiäres und schulisches Lernen allein nicht mehr aus. »Lebenslanges Lernen« lautet die Devise und meint sowohl die Wahrnehmung von Fortbildungen als auch die Reflexion alltäglicher Auseinandersetzungen. Lernen im Alltag dient der Unterstützung der individuellen Entwicklung und setzt entsprechende Rahmenbedingungen voraus.

1.2.2 Methoden der Beteiligung

Partizipative Verfahren

»Partizipation« ist zum Modebegriff geworden. Nicht überall, wo von »Partizipation« die Rede ist, wird Beteiligung im demokratischen Sinne verstanden. Gerade in politischen Prozessen (z. B. bei der Umsetzung der Agenda 21) legen die Verantwortlichen zu wenig Wert auf die Einbeziehung von Bürgern, sondern greifen bevorzugt auf bereits bestehende Kooperationen zwischen Verwaltung und Verbänden zurück – zulasten vielseitiger Kompetenzen, aktiver Unterstützung und einer bürgernahen Politik.

Demokratische Beteiligung muss nicht per se basisdemokratisch angelegt sein: Nicht immer müssen alle beteiligt sein, alles wissen und alles gemeinsam entscheiden. Es geht vielmehr um die beteiligende Haltung der Koordinierenden, Leiter und Repräsentanten und darum, wie sie Offenheit und Integrationsbereitschaft signalisieren und in die Praxis umsetzen.

So hängt es zum Beispiel von der Art des Anliegens ab, ob eine breite Beteiligung auf politischer Ebene sinnvoll ist. Bei Routine-Entscheidungen oder Entscheidungen ohne Breitenwirkung ist es nicht erforderlich, viele Menschen einzubeziehen. Geht es hingegen um Entscheidungen, die von vielen getragen werden sollen, kommt es auf transparente Informationspolitik und partizipative Großgruppenprozesse an.

»Partnerschaftliche Partizipation« meint Beteiligung auf Augenhöhe. Dies ist beispielsweise der Fall, wenn Kooperationspartner aus verschiedenen Kontexten zusammenkommen, um sich zu einem Thema auszutauschen und nach eigenem Ermessen zu beteiligen. Auch wenn die Beteiligten aus unterschiedlichen Fachgebieten, Abteilungen und Altersgruppen kommen und einen unterschiedlichen sozialen Status mitbringen, entspricht ihr Umgang miteinander dennoch dem zwischen gleichberechtigten Partnern. Für Beteiligungsprozesse bedeutet dies vor allem, den anderen ernst zu nehmen, ihm Raum zur Aussprache und zur Entfaltung zu geben, genau zuzuhören und zu verstehen versuchen, was er meint.

> Je offener und partnerschaftlicher der Umgang der Beteiligten, desto leichter fällt freiwilliges Engagement.

Leitung durch Moderation

In komplexen und weit verzweigten Systemen mit unterschiedlichen Interessenlagen sind zur intelligenten Konsensfindung andere Instrumente gefragt als reine Macht. Machtentscheidungen können nur Ultima ratio sein, wenn alle anderen Instrumente versagen.

Auch bei der Leitung von Gruppenprozessen wird die hierarchische Gruppenleitung zunehmend von einer »moderierenden Gruppenleitung« abgelöst. Dem klassischen Leistungsverständnis zufolge muss die Autorität oder der Experte wissen, was zu tun ist, und die richtige Entscheidung treffen. Eine kooperative, partizipative Leitung kann unterschiedliche Sichtweisen einbringen und ist in der Lage, den Prozess so zu steuern, dass sich alle mit der Gruppenentscheidung identifizieren und sie umsetzen können (Bertelsmann Stiftung 2004: 75).

Komplex, nicht kompliziert

Für die Lösung komplexer Aufgaben sind simple Methoden ebenso ungeeignet wie der Versuch, ihre Komplexität zu ignorieren. Wer zum Beispiel glaubt, den Fusionsprozess zweier Firmen durch Justieren einiger technischer und organisatorischer Stellschrauben steuern zu können, wird ebenso Probleme bekommen wie ein Politiker, der Sozialreformen nur auf gesetzlicher und parteipolitischer Ebene betrachtet, ohne die Auswirkungen dieser Maßnahmen auf zwischenmenschlicher und öffentlichkeitswirksamer Ebene zu berücksichtigen. Ebenso wenig sind einfache Vortragsveranstaltungen oder Podiumsdiskussionen die geeigneten Instrumente, aktive Beteiligung zu fördern (vgl. Expertendiskussion, Kapitel 1.2.1, → E121), da sie zu wenig Identifikations- und Gestaltungsspielraum für die zu Beteiligenden schaffen.

Welche Verfahren zum Einsatz kommen, hängt vom Schwierigkeitsgrad der Realisierung des gemeinsamen Anliegens ab. Beteiligungsprozesse in Großgruppen können – kompetentes Change Management vorausgesetzt – die erforderlichen Maßnahmen beschleunigen. Die Verantwortlichen sollten aber wissen, an welcher Stelle welche Methoden sinnvoll einzusetzen sind, denn hier herrscht das »Prinzip der Entsprechung«: »Komplexe Probleme lassen sich nur durch Innovationssysteme entsprechender Komplexität lösen.« (Volkmann 1984: 114) »Komplex heißt nicht notgedrungen kompliziert und das Verständnis von Systemen ist nicht unbedingt schwieriger als das von Einzeldingen, nur bedarf es dazu anderer Voraussetzungen und Instrumente.« (Vester 2001: 26)

Das Verhaltensmuster komplexer Systeme ist einem Organismus vergleichbar, der sich selbst reguliert und durch »evolutionäre Intelligenz« gesteuert wird. Auch bei der zwischenmenschlichen Prozesssteuerung wirkt diese Intelligenz, besonders beim Umgang mit Neugeborenen. Hier konzentriert sich alles auf das Wesentliche; nonverbale Signale werden stärker wahrgenommen, und Prozessabläufe sind überschaubarer. Mit zunehmendem Alter und sich verzweigenden Kontakten werden die Abstimmungsprozesse komplexer. Gruppen und insbesondere Großgruppen folgen darüber hinaus eigenen Gesetzmäßigkeiten (Königswieser/Keil 2000), die die Beteiligten im Laufe ihrer Entwicklung lernen und meist intuitiv nutzen.

> Bewusster Umgang mit Beteiligungsprozessen ist essenziell. Wer sie im Kern versteht und nachvollziehen kann, wird den Überblick behalten, das Wesentliche zur Sprache bringen, rechtzeitig Verantwortung abgeben und damit Komplexität und Selbstorganisation fördern und nicht einengen.

1.2.3 Zeitgemäße Beteiligungsprozesse

Beteiligung und gesellschaftliche Entwicklung

Von der antiken Polis bis zur Dienstleistungsgesellschaft der Moderne kamen unterschiedliche Beteiligungsstrategien zum Einsatz:

1. Zwang war von alters her das unmittelbarste, kurzfristig zuverlässigste und einfachste Mittel. Auch in Demokratien herrscht das Gewaltmonopol des Staates: Wer nicht mitmacht, wird gezwungen. Die dafür erforderliche Ressource heißt Macht.
2. Bezahlung hat sich vor allem in den vergangenen 150 Jahren durchgesetzt. Man kauft die Mitwirkung oder Dienstleistung am Markt ein. Im Rahmen sozialer Marktwirtschaft wurde dies auch der breiten Bevölkerung ermöglicht. Die dafür notwendige Ressource heißt Geld.
3. Beteiligung war traditionell nur im familiären und gemeinschaftlichen Bereich verbreitet, in Einheiten also, die übersichtlich, homogen und loyal waren. Partizipative Großgruppen-Verfahren haben in den letzten 30 Jahren an Bedeutung gewonnen, um einen breiten Konsens über bestimmte Vorhaben zu erzielen und selbst motiviertes Engagement zu fördern. Die gesuchte und vermehrt geforderte Ressource lässt sich mit zugestandenem Entscheidungs- und Handlungsspielraum umschreiben (→ E004; Fuhrmann 2001: 16).

Politische Beteiligung

Das 21. Jahrhundert stellt mit seiner zunehmenden Öffnung und der geforderten Flexibilität gesellschaftlicher Systeme die Politik vor große Herausforderungen. Dabei geraten die repräsentative Demokratie und ihre Institutionen immer stärker in die Kritik: Die Bürger fordern von ihnen Kompetenz und Entschlussfreudigkeit bei der Lösung komplexer Probleme, kritisieren aber unliebsame Schritte mit Vehemenz. Politikverdrossenheit und Unzufriedenheit der Bürger mit ihren gewählten, aber auch nicht gewählten Vertretern sind offensichtlich. Die Demokratie steht vor einer Bewährungsprobe.

Auch wenn die Politiker eine besondere Verantwortung übernommen haben, sollten sie nicht die Selbstverantwortung der Einzelnen aus dem Blick verlieren, sondern vielmehr fördern. Dabei geht es nicht nur um Bewusstseinsbildung, sondern um politische Beteiligung überall dort, wo sie sinnvoll und möglich ist – über das Ankreuzen des Wahlscheins hinaus. Politiker, die partizipative Prozesse gekonnt und authentisch einsetzen, erleben dabei sowohl Imagegewinn und Akzeptanz ihrer Position als auch Unterstützung ihrer Arbeit.

Anforderungen an moderne Beteiligungsprozesse

Eine Hauptaufgabe von modernen Beteiligungsprozessen besteht darin, das Individuum zu stärken und mit den vielfältigen Optionen und Entscheidungskonflikten der Gemeinschaft in Balance zu bringen. Das Forschungs- und Entwicklungsprojekt hat folgende Kriterien zusammengetragen, die zum Erreichen dieses Zieles empfohlen werden:

- Annahme und Integration komplexer Herausforderungen, damit die Vielfalt vorhandener Potenziale und Lösungswege zum Tragen kommt und für Lösungen genutzt werden kann (Komplexaffinität)
- zeitliche Überschaubarkeit der Verfahren, um die Bereitschaft des Einzelnen zu fördern, sich für gemeinsame Belange einzusetzen (Überschaubarkeit)
- Formulierung von Zielen und Herangehensweisen über die Veranstaltung oder das Projekt hinaus, um eine langfristige Wirksamkeit und nicht nur kurzfristige oder gar gegenteilige Effekte zu erzielen (Nachhaltigkeit)
- Einbeziehung größerer Gemeinschaften, um die vielfältigeren Optionen zu nutzen, geeignete Kooperationspartner zu finden und Synergieeffekte auszuschöpfen (Großgruppencharakter)
- Kooperation der Beteiligten auf Augenhöhe im Sinne eines Teammodells, auch wenn sie im Alltag unterschiedlichen Hierarchieebenen entstammen (Partnerschaftlichkeit)
- Unterstützung der Eigenmotivation von Handelnden mit dem Ziel, Sinnvolles zu fördern (intrinsische Motivation)
- leichte Nachvollziehbarkeit und Übertragbarkeit der einzelnen Arbeitsschritte in den eigenen Alltag, um Abhängigkeiten von Beratungssystemen zu vermeiden (Verselbstständigung)
- Skizzierung des Gesamtprozesses von Anfang bis zum Ende, um die Faktoren Arbeit und Entspannung, Spaß und Ernst, Tun und Lassen in Einklang zu bringen (Rhythmisieren von Zusammenarbeit)
- Integration von Unterschiedlichkeit, bis hin zur Einladung von »Außenseitern« und Kontrahenten, um Gemeinsames zu entwickeln, Potenziale zu nutzen und Nachhaltigkeit von Ergebnissen zu sichern (integratives Element)

1.3 Beteiligungsverfahren Gemeinsinn-Werkstatt

Leitfragen dieses Unterkapitels sind:
- Wie lässt sich der Ansatz mit kurzen Worten beschreiben?
- Wie funktioniert das Beteiligungsverfahren in der Praxis?
- Welche Dimensionen beinhaltet eine Gemeinsinn-Werkstatt?

1.3.1 Gemeinsinn-Werkstatt in aller Kürze

Raum-Analogie

Die Rahmenbedingungen für den Ablauf sozialer Prozesse in Gemeinsinn-Werkstätten sind nicht eindimensional, sondern beziehen unterschiedliche Dimensionen ein. Die Werkstatt umfasst »soziale Räume« (Beteiligte aus unterschiedlichen Interessengruppen), »reale Räume« (konkrete Treffpunkte zur direkten Kommunikation auf Augenhöhe), »überregionale Räume« (Horizonterweiterung und Vernetzung über einen gewohnten Lebensraum hinaus), »virtuelle Räume« (Kontakt- und Austauschmöglichkeiten über neue Medien und Zugang zu großen Wissensspeichern), »zeitliche Räume« (Prozessverläufe mit ihrer eigenen Rhythmik) und »innere Räume« (Reflexion des Inneren in der Auseinandersetzung mit dem Äußeren).

Wollen Initiatoren eine Gemeinsinn-Werkstatt zu einem bestimmten Thema ins Leben rufen, so sind »Beteiligungsräume« wünschenswert, in denen man sich gerne aufhält, weil dort ein Mehrwert entsteht. Je befriedigender und bereichernder die Anwesenden den Aufenthalt empfinden, desto mehr können sie in ihren persönlichen und beruflichen Alltag mitnehmen. Dadurch entsteht die Bereitschaft, auch selbst zur Entwicklung dieser Räume beizutragen und andere dorthin einzuladen. Dies setzt eine Spirale der Beteiligung in Gang und hilft, Grenzen zwischen privatem und öffentlichem Engagement zu durchdringen.

> Gemeinsinn-Werkstätten dienen als »Beteiligungsräume«, in den Arbeit und Freizeit nebeneinander bestehen und ineinander fließen können, weil die Beteiligten das gemeinsame Handeln als sinnvoll erleben.

Zum besseren Verständnis der Gemeinsinn-Werkstatt folgen an dieser Stelle zunächst einige Kurzbeschreibungen mit anschließender Definition des Verfahrens:

- Die Gemeinsinn-Werkstatt ist ein Beteiligungsverfahren für Großgruppenprozesse.
- Sie eignet sich zur Umsetzung eines gemeinsamen Anliegens mithilfe unterschiedlicher Personen in verschiedenen Aktionen.
- Die Gemeinsinn-Werkstatt ermöglicht es, komplexe Herausforderungen unter Einbeziehung eines Netzwerkes von Partnern strukturiert, selbst motiviert und selbst organisiert aufzugreifen.
- Sie gliedert sich in Gemeinsinn-Grundlagen, Projektverfahren und Begleitnetzwerk.

Die Gemeinsinn-Werkstatt fördert freiwilliges Engagement bei brennenden Anliegen und arbeitet mit einer Kombination von innovativen Beratungs-, Projekt- und Großgruppenverfahren. Mithilfe eines Baukastensystems und methodischer Unterstützung aus dem Begleitnetzwerk entsteht ein maßgeschneidertes Projektdesign für die Selbstorganisation während des gesamten Projektverlaufs.

Mit Ansätzen der intrinsischen Motivation, partnerschaftlichen Beteiligung und wertschätzenden Reflexion schafft die Gemeinsinn-Werkstatt Raum für Austausch, Vernetzung und Qualifizierung und für die Balance von Individuum und Gemeinschaft.

Weitere Einstiegshilfen und Vermittlungsformen bietet der Baukasten (z.B. → E003, U019).

1.3.2 Die Gemeinsinn-Werkstatt in der Praxis

Toleranz in Frankfurt (Oder): TOLL statt ranzig!

Das folgende Praxisbeispiel einer Gemeinsinn-Werkstatt in Frankfurt (Oder) veranschaulicht das Zusammenwirken von Menschen, die ein gemeinsames Anliegen – hier: Vernetzung und Projektplanung zum Thema Gewaltprävention – mit freiwilligem Engagement erfolgreich umsetzen konnten.

Ausgangslage

Die Situation im Bereich der interkulturellen Zusammenarbeit und Gewaltprävention von Frankfurt (Oder) war Anfang 2002 prekär: Toleranz schien als Thema in der Stadt unattraktiv geworden zu sein. Bereits bestehende Initiativen standen kaum in Kontakt miteinander und empfanden sich bei der Suche nach Teilnehmern und Finanzmitteln zunehmend als Konkurrenz. Aus diesen Gründen ergriff eine kleine Gruppe von Leitenden und Freiwilligen unterschiedlicher Einrichtungen die Initiative und lud zu einer Gemeinsinn-Werkstatt ein.

Ergebnisse

Sechs Monate später fand an einer örtlichen Grundschule zu Erntedank im Oktober ein Markttreiben der besonderen Art statt. Über die Sommermonate hatten 13 Projekte erfolgreich umgesetzt werden können, die sich nun einander vorstellten: eine Presse-AG und eine Supervisionsgruppe waren entstanden, die Seniorenakademie präsentierte eine Publikation, eine internationale Jugendbegegnung war erfolgreich verlaufen, und das neu gegründete Gesangsensemble »Die tollen Ranzen« hatte erste öffentliche Auftritte zu verbuchen.

Darüber hinaus entstand ein neues und tragfähiges Netzwerk zwischen unterschiedlichen Vereinen, Organisationen und Privatpersonen. Haupt- und Ehrenamtliche quer durch die beteiligten Initiativen und Altersgruppen trafen sich regelmäßig zum Austausch und gelegentlich zum gegenseitigen Methodentraining. Dies hatte eine Spezialisierung einzelner Anbieter und qualitative Verbesserung der Programme zur Folge. Die Toleranzarbeit wurde in Frankfurt (Oder) wieder wahrgenommen und als wichtig empfunden. Wie kam es dazu?

Umsetzung

Eine Lehrerin, die Wochen zuvor ein Gemeinsinn-Werkstatt-Forum mit Jugendlichen geleitet hatte, war so begeistert, dass sie auf den Kollegenkreis in Frankfurt (Oder) ansteckend wirkte. Gemeinsam wollten sie mit Förder- und Restgeldern der jeweiligen Einrichtungen einen ähnlichen Prozess für ihr eigenes Anliegen organisieren und luden weitere Partner ein, die ihnen für die Umsetzung des Vorhabens wichtig erschienen. Es wurden zwei Vorbereitungstreffen mit einem Gemeinsinn-Werkstatt-Berater organisiert, um die Ziele, Bedürfnisse und Realisierungsmöglichkeiten abzustimmen. Dabei entstand der Titel, von dem sich auch Außenstehende angesprochen fühlten: »Toleranz in Frankfurt (Oder): TOLL statt ranzig!«

Die Initiatoren planten eine erste Großgruppenveranstaltung, klärten organisatorische und methodische Fragen ab und erfuhren bereits zu diesem Zeitpunkt Unterstützung aus der Bevölkerung. Um möglichst viele Mitmenschen zum Mitmachen zu gewinnen, wurden Einladungsaktionen mit E-Mails, Zeitungsartikeln und Mund-zu-Mund-Propaganda zu einer dreitägigen Großgruppenveranstaltung durchgeführt. An dieser beteiligten sich 45 Personen aus allen Generationen, Kulturen und sozialen Gruppen. Die Moderation kam vom Begleitnetzwerk der Gemeinsinn-Werkstatt und wechselte täglich die methodischen Schwerpunkte. Die Beteiligten bildeten je nach Interesse entsprechende Arbeitsgruppen, in denen sie Themen austauschen und Aktionen vereinbaren und darüber hinaus bestehende Kontakte ausbauen und neue Kontakte knüpfen konnten.

Die Realisierung der Einzelaktionen erfolgte in eigenständigen und über E-Mail-Verteiler in Verbindung stehenden Aktionsgruppen. Zur weiteren Kontaktpflege wurde ein Stammtisch gegründet, der sich monatlich traf. Ein gutes halbes Jahr später konnten alle Beteiligten auf einer zweiten Großveranstaltung die genannten Ergebnisse reflektieren, präsentieren und gemeinsam feiern. Die Integration der verschiedenen Erfahrungen half dabei, sich langfristig zu vernetzen.

1.3.3 Dimensionen der Gemeinsinn-Werkstatt

Struktureller Aufbau des Ansatzes

Von der Mehrdimensionalität der Gemeinsinn-Werkstatt war bereits die Rede (vgl. Raum-Analogie in Kapitel 1.3.1, → E131), und das Praxis-Beispiel aus Frankfurt an der Oder lässt bereits ahnen, dass viele Faktoren bei der Entwicklung von Gemeinsinn-Werkstätten eine Rolle spielen und zu berücksichtigen sind. Im Zuge der Entwicklung des Beteiligungsverfahrens wurden drei Dimensionen festgelegt (vgl. Abbildung 2), die in den folgenden Kapiteln weiter vertieft werden.

Abbildung 2: Gemeinsinn-Werkstatt-Dimensionen

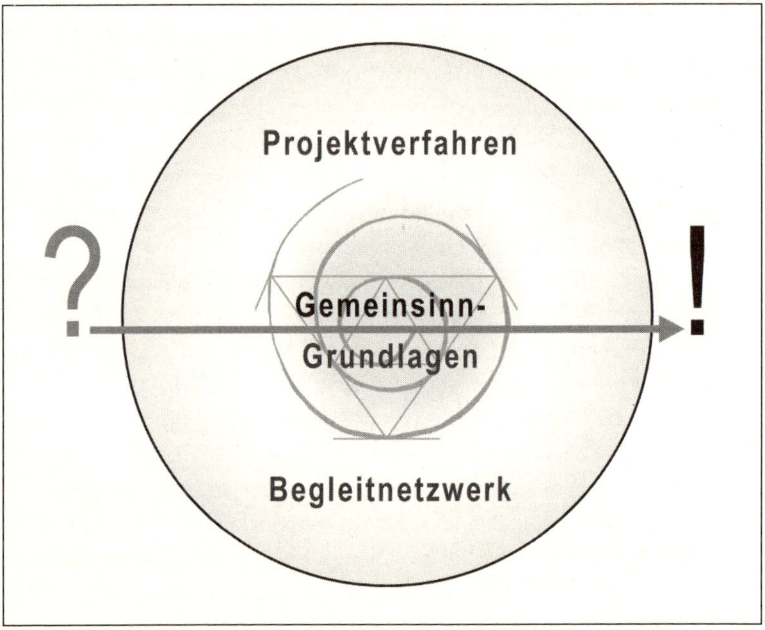

Eine Gemeinsinn-Werkstatt erstreckt sich vom brennenden Anliegen (Fragezeichen-Symbol) bis zu nachhaltigen Lösungen (Ausrufezeichen-Symbol) und entspricht damit einem themenzentrierten Prozess (Pfeil). Als Beteiligungsraum (Kreis) dient sie der Verbesserung der Lebensverhältnisse des Einzelnen in der Gemeinschaft. Die Beteiligten orientieren sich an den Prinzipien von Wertschätzung, Eigenmotivation sowie Selbst- und Mitverantwortung (Gemeinsinn-Grundlagen). Die Gemeinsinn-Werkstatt steuert sich über die Beteiligung und das Engagement der Mitwirkenden (Spirale). Ein methodischer Rahmen bietet die entsprechenden Freiräume, in denen es zur Zusammenarbeit in verschiedenen Einzelaktionen kommt (Projektverfahren). Die personelle Grundlage dafür ist ein Netzwerk von Begleitenden, das sich um die Entwicklung, Verbesserung und Anwendung dieses methodischen Rahmens kümmert (Begleitnetzwerk).

Dimension Projektverfahren

Die Grundzüge der Gemeinsinn-Werkstatt als Projektverfahren wurden oben am Beispiel Frankfurt (Oder) vorgestellt. Was beim ersten Hinhören recht einfach klingt – und letztlich auch ist –, erfordert aber ein gewisses Maß an organisatorischer und methodischer Erfahrung. Die Möglichkeiten der Aktivierung, Realisierung und Integration von Großgruppenprozessen, die Aufteilung von Aufgaben und die Nutzung verschiedener Materialien sind in Kapitel 3 (→ E3) näher beschrieben.

Dimension Begleitnetzwerk

Im Zuge der Entwicklung und Optimierung des Verfahrens entwickelte sich ein Experten-Netzwerk, dessen Mitwirkende solche Prozesse beraten, moderieren, evaluieren und auf vielfache Weise unterstützen. Es bietet auch Bildungsmaßnahmen an und unterstreicht damit das Bestreben, Gemeinsinn-Prozesse zu verselbstständigen. Die Besonderheiten, die Struktur und die Entwicklung des Begleitnetzwerks beschreibt Kapitel 4 (→ E4).

Dimension Gemeinsinn-Grundlagen

Die Anforderungen an moderne Beteiligungsverfahren wurden weiter oben skizziert. Das folgende Kapitel (→ E2) beschreibt das dafür zu Grunde liegende Konzept, die Zielsetzungen und Voraussetzungen von Gemeinsinn-Werkstätten.

2 Die Gemeinsinn-Grundlagen: Orientierungshilfen der Gemeinsinn-Werkstatt

Zentraler Bestandteil der Gemeinsinn-Werkstatt ist das »Gemeinsinn-Konzept«. Dieses Kapitel beschreibt die wichtigsten Grundlagen für die Arbeit in Gemeinsinn-Verfahren und in Gemeinsinn-Netzwerken:

- die von innen kommende »Motivation und Freiwilligkeit«, ihre Wirkungen auf Gemeinschaft und als Quintessenz die »Motivationsformel« (→ E21),
- die »Wertschätzende Selbstorganisation«, ihren Einfluss auf Großgruppen und die Rolle welche Begleitende bei Gemeinsinn-Prozessen spielen (→ E22),
- die »Erfordernisse und Zielsetzungen« der Gemeinsinn-Werkstatt, die Gemeinsinn-Kriterien sowie die Leitsätze und Einsatzempfehlungen von Gemeinsinn-Werkstätten (→ E23).

2.1 Motivation und Freiwilligkeit

Leitfragen dieses Unterkapitels sind:

- Wie wirkt sich Motivation auf die Entstehung von Gemeinsinn aus?
- Welchen Einfluss hat der soziale Kontext auf die Motivation?
- Wie lässt sich der Motivationsmix im Alltag veranschaulichen?

2.1.1 Motivation von innen und von außen

Motivation und Sprache

Kennzeichnend für Gemeinsinn-Werkstätten ist freiwilliges Engagement für eine gemeinsame Sache. Deshalb hängt der Erfolg dieser Projekte entscheidend vom inneren Antrieb der Beteiligten ab. Antriebsfeder für die Bereitschaft von Menschen, freiwillig Aufgaben zu übernehmen, Neues zu lernen und Veränderungsprozesse zu bewältigen, ist ihre Motivation. Als motiviert gilt in diesem Zusammenhang, wer

- ein klares Ziel vor Augen hat,
- bereit ist, sich für dieses einzusetzen, und
- sich das Erreichen des Zieles etwas »kosten« lässt.

Auf der Suche nach Mo(tiva)toren für die freiwillige Beteiligung bietet die deutsche Grammatik mit ihren sechs Modalverben interessante Ansätze:

> Was jemand will, möchte und kann (Motivation von innen), wirkt sich weit positiver auf seine Handlungsmotivation, sein Selbstbewusstsein und seine Verantwortungsbereitschaft aus, als wenn andere bestimmen, was er soll, darf oder muss (Motivation von außen) (vgl. Fänderl 2003: 135).

Von innen (intrinsisch) motivierte Menschen handeln aus persönlichem Interesse, von außen (extrinsisch) motivierte aufgrund von Einflussfaktoren wie Belohnung oder sogar Zwang.

Intrinsische Motivation des Einzelnen

Freiwilliges Engagement entsteht beim Einzelnen (»Ich«) durch die positive Vorstellung zukünftiger Ergebnisse seines Tuns, durch seine Wünsche zur Verbesserung der gegenwärtigen Situation bzw. durch Erinnerungen an Erfolge bisheriger Taten. Förderlich für Gemeinsinn und freiwilliges Engagement sind entsprechende

- Visionen für die Zukunft (»Ich will«),
- Bedürfnisse in der Gegenwart (»Ich möchte«) und
- Fähigkeiten aus der Vergangenheit (»Ich kann«).

Selbstbestimmte Motivation in der Gruppe

Auch die innere Motivation wird von äußeren Umständen beeinflusst. Ein intrinsisch motivierter Freiwilliger, der sich an einer gemeinsamen Aktion beteiligt, wird schnell feststellen, dass nicht alles seinen Vorstellungen gemäß abläuft. Was er will, wollen andere nicht. Was er nicht möchte, möchten aber andere. Auch das Können ist unterschiedlich.

In solchen Situationen heißt es, einen kühlen Kopf zu bewahren, denn weder Zwang noch Ersatzbefriedigungen sind die geeigneten Mittel, um freiwilliges Engagement wirksam zu fördern. Wie bereits erwähnt, ist die Motivation zum gemeinsamen Handeln vor allem dort groß, »wo mehrere etwas wollen, möchten und können, was wenige nicht könnten!« (vgl. Kapitel 1.1.1, → E111).

Ein erster Schritt wäre demnach, Aktionen und Gruppen zu wählen, die bereits gleiche bzw. ähnliche Visionen (Wollen) haben. Im weiteren Gruppenprozess empfiehlt es sich, die jeweiligen Bedürfnisse (Mögen) abzugleichen, um letztlich die wertvollen unterschiedlichen Fähigkeiten (Können) optimal für die Aktion einsetzen zu können. Diese Motivationsstrategie geht vom Individuum aus, greift die Motive der anderen Beteiligten gleichermaßen mit auf und geht mit diesen angemessen um.

Abbildung 3: Sinnorientiertes Handeln, intrinsisch motiviert und selbstbestimmt

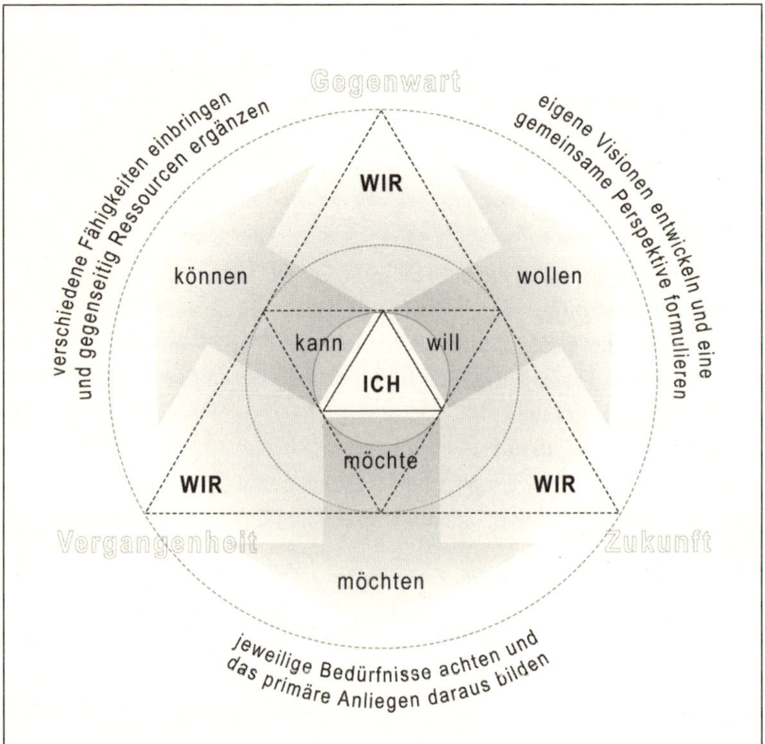

Daher erfordert die Abstimmung der individuellen Motivationen innerhalb einer Gruppe (»Wir«) einen offenen, wertschätzenden und transparenten Aushandlungsprozess, in dem die Beteiligten

- eigene Visionen entwickeln und eine gemeinsame Perspektive formulieren (»Wir wollen«),
- jeweilige Bedürfnisse achten und das primäre Anliegen daraus ableiten (»Wir möchten«) und
- verschiedene Fähigkeiten einbringen und gegenseitig Ressourcen ergänzen (»Wir können«).

Wenn dies gelingt, führt der Gemeinsinn-Prozess zu einer Kooperation nach dem Prinzip des »sinnorientierten Handelns«, bei dem intrinsische und selbstbestimmte Motivation die entscheidende Rolle spielen (vgl. Abbildung 3).

Merkmale sinnorientierten Handelns

Freiwilligkeit lebt von sinnvoller, intrinsischer und selbstbestimmter Motivation und ist sowohl in spontanen Aktionen als auch in langfristigen Prozessen anzutreffen, sobald die Balance zwischen den einzelnen »Ichs« und dem gemeinsamen »Wir« berücksichtigt wird.

Bei neuen Gruppenkonstellationen hängt die Qualität der Zusammenarbeit davon ab, ob den Beteiligten hinreichend Raum und Zeit zugestanden wird, um diese Balance herzustellen; d.h. ihre Visionen, Bedürfnisse und Fähigkeiten bezogen auf den jeweiligen Anlass abzustimmen. Beim Zusammentreffen unterschiedlicher Gruppen gewinnt dieser Aspekt zusätzlich an Bedeutung. Erfahrungen aus der Wirtschaft, insbesondere bei Fusionen von Firmen, belegen, wie komplex und bedeutsam solche Abgleiche sind.

Das Zusammentreffen von sich ergänzenden Faktoren ist im sozialen Kontext nicht direkt umsetzbar. Aber ein Gespräch in der Seminarpause unter Kollegen über gemeinsame Erfahrungen mit Kunden kann zu unerwarteten Aha-Effekten führen; wenn die Gesprächspartner ähnliche Erfahrungen gemacht haben oder in bestimmten Situationen völlig unterschiedlich verfahren. Auf diese Weise werden die Erfahrungen der Gesprächspartner entweder bestätigt oder sinnvoll ergänzt.

> Unterschiede ziehen sich ebenso an wie Ähnlichkeiten, nur mit dem Nebeneffekt, dass Verschiedenheit zu höheren Lerneffekten und Ergänzungsmöglichkeiten führen kann.

Dieses »Matching« erfordert Begegnungsräume, die sich den Menschen anpassen und nicht umgekehrt, wo jeder sein kann, wie er ist (Authentizität und Integrität).

Sinnorientiertes Handeln folgt dem Motto »Der Weg ist das Ziel«, sein Gegenspieler ist das zweckorientierte Handeln nach dem Prinzip: »Der Zweck heiligt die Mittel«. Hier steht im Vordergrund, Aufgaben möglichst schnell anzugehen, nicht breit abzustimmen und nach Vorgabe zu erledigen. Die Einflüsse des Müssens, Dürfens und Sollens haben auch hier eine zeitliche und eine gruppendynamische Dimension, doch bezieht sich die Motivationsstrategie hier eher auf die bzw. den anderen (»ihr/du«). Sie bewegt sich von der Gruppe zum Einzelnen, wobei nicht selten Gruppendruck entsteht (vgl. Abbildung 4). Die Kommunikation bzw. Befehlsstruktur ist einseitig, in dem die Teilnehmenden dazu aufgefordert sind,

- Fakten und Sachzwängen nachzukommen (»ihr müsst/du musst«),
- Strukturen und Regeln einzuhalten (»ihr dürft/du darfst«) und
- instrumentelle Ziele und Pflichten zu befolgen (»ihr sollt/du sollst«).

Abbildung 4: Zweckorientiertes Handeln, fremdbestimmt und extrinsisch motiviert

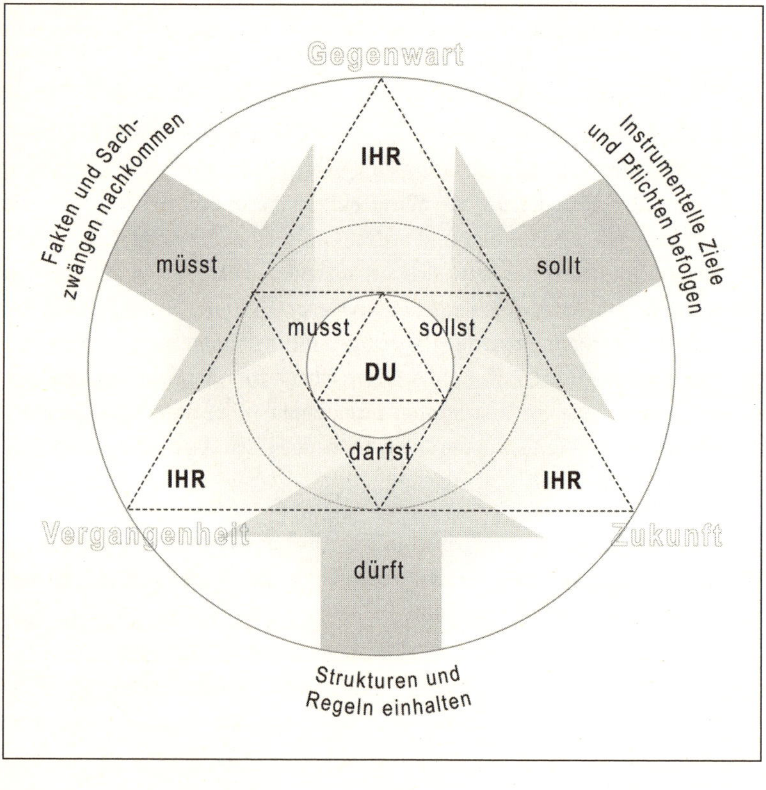

Zweckorientiertes Handeln ist weitgehend auf ein Ziel hin fokussiert, dem sich jeder Einzelne unterordnen muss, um es erreichen zu können. Der Anreiz dafür kann gleichermaßen durch Bedrohung und Sanktion als auch durch Bezahlung und Belohnung von Außen kommen. Dafür nehmen die Mitglieder der Gruppe auch Fremdbestimmung in Kauf und stellen eigene Bedürfnisse und Visionen für gewisse Zeit in den Hintergrund.

Motivationsmix

Diese zweckorientierte, der Erwerbstätigkeit vergleichbare Konstellation kommt auch im ehrenamtlichen Bereich vor. Umgekehrt wird auch im Berufsleben sinnorientierte Zusammenarbeit bewusst gefördert, weil intrinsisch motivierte Mitarbeiter für die Organisation effektiver arbeiten, wenn sie an ihrem Arbeitsplatz selbstbestimmt agieren können.

> Handlungen im Alltag, ob bezahlt oder unbezahlt, haupt- oder ehrenamtlich, werden von einem Mix aus intrinsischer und extrinsischer Motivationen bestimmt.

2.1.2 Sinn- und zweckorientierte Gemeinschaften

Ziel der Gegenüberstellung

Ein Vergleich der Extremausprägungen von Zweck- und Sinnorientierung auf unterschiedlichen Ebenen von Gemeinschaft (Handlungsprinzipien, Vorgehensweisen, Umsetzung, interne Kommunikation, soziale Systeme, Gruppendynamik) verdeutlicht den Einfluss von internen und externen Motivationsfaktoren. Die folgende Gegenüberstellung dient dem Ziel, Motivationsschwerpunkte und Fördermöglichkeiten von Gemeinsinn transparent zu machen, um die freiwillige Zusammenarbeit angenehmer und erfolgreicher zu gestalten.

Der Text enthält auch jene Stichworte, die als Gemeinsinn-Kriterien im Gemeinsinn-Konzept des Baukastens entwickelt und tabellarisch gegenübergestellt werden (→ E732). In Unterkapitel 2.3 werden sie dann genutzt, um Erfordernisse und Zielsetzungen der Gemeinsinn-Werkstatt daraus abzuleiten (→ E23).

Um von Anfang an einen falschen Eindruck zu vermeiden: »Zweckorientiertes Handeln« kann in manchen Situationen sehr sinnvoll sein. Im Rahmen einer Hochwasserkatastrophe ist es beispielsweise sehr vorteilhaft, wenn der Einsatz professioneller Helfer mit klarer Aufgabenteilung über eine Kommandozentrale koordiniert und befehligt wird. Geben sie ihre Anweisungen an die freiwilligen Helfer weiter, so wird im Ernst der Lage ein klarer Befehl eher als Hilfe empfunden und dem freiwilligen Engagement nicht abträglich sein.

In der Regel lässt sich Freiwilligkeit aber nicht befehlen. Deshalb wird zweckorientiertes Handeln im Folgenden eher in seiner negativen Auswirkung beschrieben, mit der Zuspitzung, dass allein der Zweck die Mittel heiligt und dabei auch das Selbstbewusstsein der Mitstreiter systematisch einem Gruppengefühl geopfert werden darf. Das Team wird nicht mehr von der Einzigartigkeit des Einzelnen getragen, sondern vom Gruppendruck, der dazu führt, dass Elitedenken und konkurrenzbezogene Haltung den Zusammenhalt schaffen. Um des Erfolges der eigenen Gruppe willen muss sich jeder Einzelne dem Gruppenziel und den Gesetzen des Systems unterordnen. Ziel der Zusammenarbeit ist weder partnerschaftliche, kooperative noch partizipative Beteiligung, sondern der Machtgewinn Einzelner, der sich auf Unterordnung bzw. bezahlte Mitarbeit anderer stützt. Damit der Erfolg dem System Recht gibt, gilt in erster Linie pflichtbewusstes Verhalten.

»Sinnorientiertes Handeln« wird in Bezug zu freiwilligem Engagement positiv und als Gegenpol zur Zweckorientierung dargestellt. »Der Weg ist das Ziel« lautet die Devise und bezieht sich auf die Unterschiedlichkeit der Individuen, die vielseitigen Facetten der Umwelt und die unterschiedlichen Optionen des Handelns. Der Einzelne kann sich autonom, authentisch und aufgeschlossen auf andere zubewegen, weil seine Selbstbestimmung von einem positiven Menschen- und Gesellschaftsbild geprägt ist. Es geht davon aus, dass nur das, was zur Lebensqualität aller beiträgt, auch für den Einzelnen erstrebenswert ist. Erst wenn ein gemeinsames Ziel gefunden ist, aber jeder seinen individuellen Weg gehen kann, wird Gemeinsinn entstehen.

> Gemeinschaft ist mehr als die Summe ihrer Teile, und ein wirklicher Mehrwert entsteht erst durch eine verbesserte Beziehung zwischen diesen Teilen.

Vorgehensweisen

»Zweckorientiertes Vorgehen« orientiert sich an Idealbildern und nimmt entsprechend die Welt als begrenzt und mangelhaft wahr. Für den Umgang mit anderen benötigen die Beteiligten vor allem Widerstandsfähigkeit, zweckrationales Engagement und analytisches Bewusstsein. Sie sind bestrebt, Fehler zu eliminieren und möglichst schnell dem angestrebten Ziel näher zu kommen. Deshalb achten sie stark darauf, dass sich jedes Gruppenmitglied strategisch, loyal und angepasst verhält.

Die »sinnorientierte Vorgehensweise« folgt der Erkenntnis, dass viele Wege zum Ziel führen können und viele Ressourcen und Lösungen bereits bestehen. Dadurch kann jeder authentisch seinen eigenen Interessen folgen und sein Handeln daraus ableiten (Kongruenz).

Um entstehenden Konflikten rechtzeitig begegnen zu können, braucht es aber auch den beständigen Abgleich mit den Interessen anderer, was bei allen Beteiligten Gemeinschaftsfähigkeit und demokratische Fähigkeiten voraussetzt. Sie erleben die Umwelt ebenfalls komplex und vielgestaltig, nehmen sie aber unter dem Aspekt der Chancenvielfalt wahr. Damit steigt ihre Bereitschaft zur Integration und zum selbstbewussten Einlassen auf konstruktive Gestaltungsprozesse mit anderen.

Umsetzung

Bei der »zweckorientierten Umsetzung« sind die Ziele, Rahmenbedingungen und Regeln vorgegeben. Hier sind zunächst alle Beteiligten zu dem dafür erforderlichen Prozess (Konzentration) verpflichtet. Im nächsten Schritt werden weitere Teilnehmer angesprochen und »ins Boot« geholt, damit sie je nach Bedarf der Gemeinschaft ihre Fähigkeiten einbringen können (Expansion). Dementsprechend erfolgt die Reflexion: Jeder Einzelne wird abgefragt, welche der vorgegebenen Aufgaben er umgesetzt und erfüllt hat. Die erzielten Ergebnisse werden kontrolliert und in einem extrinsisch motivierten Reflexionsprozess von jedem nach dem Motto abgefragt: »Hat ihr Wirken unseren Zweck erfüllt?«

»Sinnorientierte Umsetzung« entwickelt sich aus einer gemeinsamen Begeisterung für ein Thema, zu dem möglichst viele eingeladen werden (Expansion). Erst wenn die unterschiedlichen Anliegen, Ressourcen und Perspektiven abgeklärt sind, treffen die Beteiligten die erforderlichen Regelungen und Vereinbarungen. Dieser Prozess ist offen, und jeder ist für die Form, das Volumen und die Verbindlichkeit des eigenen Engagements selbst verantwortlich. Bei der Umsetzung erreichen die Beteiligten die natürlichen eigenen Grenzen ihres Engagements, setzen ihre Prioritäten, konzipieren ihre Aktionen mit anderen und reflektieren diese abschließend (Konzentration).

> Am Ende (wie auch während des Prozesses) stellt sich jeder Einzelne immer wieder selbst die Frage: »War mein Wirken für mich und andere sinnvoll?«

Kommunikation

»Zweckorientierte Kommunikation« folgt eher dem Vergleich einer Einbahnstraße, die vom Befehlshaber zum Befehlsempfänger verläuft. Ein Vorteil dieser Kommandostruktur liegt darin, dass sie in Krisensituationen und Kriegszeiten schnellere Entscheidungen und Kommunikationswege ermöglicht.

»Sinnorientierte Kommunikation« ist transparent und partnerschaftlich ausgelegt und wird für den Gruppenprozess und für den Einzelnen als unterstützend und hilfreich empfunden. Die gemeinsame Reflexion der Ergebnisse führt zur Integration von Erfahrungen und zu einem individuell gesteuerten Lernprozess. Hier wird klar erkennbar, wer von wem gelernt hat, welcher Umgang zwischen den Beteiligten herrscht und welche Ergebnisse durch den Einsatz füreinander erzielt werden konnten.

Soziale Systeme

»Zweckorientierte Systeme« werden von einer zentralen Einheit gesteuert und folgen den Prinzipien Einordnung und Pflichterfüllung. Hier werden konkurrenzorientiertes Verhalten gefördert und extrinsische Anreize zur Steigerung der individuellen Einsatzbereitschaft durch Lob und Belohnung bzw. Tadel und Sanktionen geschaffen. Im Extremfall, wenn das Selbstbewusstsein sich darauf reduziert, lediglich weisungsgebundener Befehlsempfänger zu sein, können Gefühle sinnentleerter Abhängigkeit bis hin zur Selbstaufgabe eintreten.

»Sinnorientierte Systeme« sind darauf ausgerichtet, dem Einzelnen Raum für sinnliche Wahrnehmung, Sinnfindung und Entwicklung zu bieten. Die dafür erforderlichen Abstimmungsprozesse können zu effektiven Teams führen, doch dies erfordert Zeit, Transparenz und soziale Fähigkeiten.

Im sinnorientierten System und in Systemen mit hoher Offenheit und Vernetzungsdichte sind die Beteiligten nicht mehr so stark von Einzelnen abhängig. Sie folgen dem Prinzip der Anbindung in Selbstbestimmung und verhalten sich kooperativ.

> Je offener ein Netzwerk aufgebaut ist, je konsequenter es auf intrinsische Motivation setzt, desto stärker wird das gemeinsame Handeln vom individuellen Engagement der Beteiligten bestimmt. Ihre Selbst- und Mitverantwortung wird nicht nur gefördert, sondern auch gefordert! Von den Beteiligten wird erwartet, dass sie nicht nur reagieren, sondern konstruktiv agieren und beispielsweise auch auf neue Partner zugehen.

Beteiligte von sinnorientierten Systemen sind sich dessen bewusst, dass ihre Kooperation zeitlich begrenzt ist. Sie formieren sich anlässlich eines brennenden Anliegens oder auf Grund einer sinnvollen Aufgabenstellung und gehen nach Erreichen des gemeinsamen Zieles wieder ihre eigenen Wege. In Kenntnis dessen sorgen sie bereits im Vorfeld der Kooperation für die dafür notwendigen Delegations- und Vertretungsstrukturen.

Gruppendynamik

»Extrinsisch motivierte, zweckorientierte Gruppen« grenzen sich stärker von anderen ab, folgen tradierten Regeln und fordern diese ein. Dadurch finden sie Halt und Orientierung in ihrer Gruppenstruktur. Die Gruppendynamik nennt diese abgrenzende Haltung gegenüber Außenstehenden: »Ich bin o.k., du bist nicht o.k.!«

»Intrinsisch motivierte, sinnorientierte Gruppen« gehen von der individuellen Eigendynamik aus und empfinden eine Gruppenkonstellation nicht unbedingt als Grenze. Ihre Mitglieder bilden für die Umsetzung ihres Anliegens offene Netzwerke, schaffen Regelungen, die den Menschen gerecht werden, und gehen auf interessierte Außenstehende zu. Die Gruppendynamik nennt diese integrierende Haltung gegenüber anderen: »Ich bin o.k., und du bist auch o.k.!«

2.1.3 Die »Motivationsformel«

Herleitung des Motivationsquotienten

Zur Veranschaulichung von Motivationsphänomenen bei Gemeinsinn-Prozessen hat sich die Motivationsformel bewährt.

Die Mischungsverhältnisse von intrinsischer und extrinsischer Motivation, von Selbstbestimmung und Fremdbestimmung, von sinnorientiertem und zweckorientiertem Handeln sind sowohl bei Gruppen als auch bei Individuen vorhanden und verändern sich im Verlauf eines Prozesses. Sie lassen sich der »Gemeinschaftsorientierung« und ihren drei Ebenen zuordnen: soziales Bewusstsein, soziales Engagement und soziale Kompetenz (vgl. Kapitel 1.1.3, → E113). Intrinsische bzw. extrinsische Motivation gehen aus von

- »sozialem Bewusstsein« für die Zukunft (Wollen/Sollen),
- »sozialem Engagement« in der Gegenwart (Mögen/Dürfen) und
- »sozialen Fähigkeiten« aus der Vergangenheit (Können/Müssen).

Dieses Verhältnis lässt sich auf einen Quotienten übertragen, in den auch die mögliche Motivationslosigkeit eingerechnet werden kann. Soziale Fähigkeiten beispielsweise sind nicht nur intrinsisch motiviert (»Ich kann«) oder Teil von Pflichterfüllung (»Ich muss«), sondern können auch weitgehend unmotiviert sein (»Ich kann nicht, aber ich muss auch nicht«). In Ziffern ausgedrückt – und das kann zunächst nur als grobe Selbsteinschätzung gelten – könnte ein prozentuales Verhältnis zum Beispiel aus 40 Prozent »Können«, 30 Prozent »Müssen« und 30 Prozent »Motivationslosigkeit« bestehen. Zusammen genommen ergeben sie – wie auf jeder der drei Ebenen der Gemeinschaftsorientierung – 100 Prozent:

- Soziale Fähigkeiten: Können + Müssen + Motivationslosigkeit = 100 %
- Soziales Engagement: Mögen + Dürfen + Motivationslosigkeit = 100 %
- Soziales Bewusstsein: Wollen + Sollen + Motivationslosigkeit = 100 %

Das Forschungsprojekt hat daraus eine Formel entwickelt, die sich bei der Reflexion von freiwilligem Engagement auf Einzelne wie auf Gruppen beziehen lässt:

$$\frac{\%\ \text{Können} + \%\ \text{Mögen} + \%\ \text{Wollen}}{\%\ \text{Müssen} + \%\ \text{Dürfen} + \%\ \text{Sollen}}$$

Das Ergebnis verweist auf die Richtung und Stärke der aktuellen Motivation, den »Motivationsquotienten«:
>1: intrinsisch/selbstbestimmt/sinnorientiert
<1: extrinsisch/fremdbestimmt/zweckorientiert

Der Zähler der Formel beziffert, was für Gemeinsinn und freiwilliges Engagement wirklich zählt: Je mehr extrinsische Motivation in intrinsische überführt werden kann, desto förderlicher ist dies für das Wohlbefinden und die freiwillige Engagementbereitschaft von Individuum und Gemeinschaft.

Beispiel für die Anwendung der Motivationsformel

Die Formel ist anschaulich, in ihrer Handhabung aber gewöhnungsbedürftig, da die Selbst- und Fremdeinsschätzung entweder Grundlagenwissen oder ein entsprechendes Frageraster erfordern, um einigermaßen verlässliche Zahlen zu bekommen. Das folgende Beispiel eines scheiternden Gemeinsinn-Prozesses dient vor allem der weiteren Veranschaulichung:

Beispiel: Scheiternder Gemeinsinn-Prozess

Zu Beginn der Planung eines Projektes hatten die Beteiligten noch starke Visionen (60 Prozent Wollen und 10 Prozent Sollen) und große Lust an der Zusammenarbeit (80 Prozent Mögen); ihre intrinsische Motivation, sich an diesem Projekt zu beteiligen, war trotz knapper Zeitressourcen (40 Prozent Können, 20 Prozent Müssen) hoch.

$$\frac{40\,\%\text{ Können} + 80\,\%\text{ Mögen} + 60\,\%\text{ Wollen}}{20\,\%\text{ Müssen} + 0\,\%\text{ Dürfen} + 10\,\%\text{ Sollen}} = 6$$

Aufgrund steigender Arbeitsbelastung im Alltag veränderten sich im Laufe der Zeit die Bedürfnisse der Beteiligten (Mögen sank auf 20 Prozent). Sie empfanden die mehrfachen Einladungen allmählich als Belastung (»Nicht fehlen dürfen« stieg auf 20 Prozent und bei allen Sitzungen dabei sein »Müssen« auf 60 Prozent). Dennoch war ihre Motivation groß genug, um weiterhin an den Treffen teilzunehmen:

$$\frac{40\,\%\text{ Können} + 20\,\%\text{ Mögen} + 60\,\%\text{ Wollen}}{60\,\%\text{ Müssen} + 20\,\%\text{ Dürfen} + 10\,\%\text{ Sollen}} = 1{,}3$$

Bei einer dieser Sitzungen erhöhte eine Kollegin mit dem Hinweis auf moralische Verpflichtung gegenüber der Gruppe (»Du darfst nicht gehen, weil wir deine Unterstützung brauchen, um das Ziel zu erreichen.«) die extrinsische Motivation von Müssen und Sollen auf 80 bzw. 70 Prozent. Diese Verlagerung des Verhältnisses zugunsten der extrinsischen Motivation hatte zur Folge, dass die Beteiligten ihr ursprünglich freiwilliges Engagement mittlerweile als Qual empfanden und erwogen, ihre Mitarbeit an dem Projekt aufzukündigen. Dass diese Gefahr bestand, verdeutlicht folgende Formel:

$$\frac{20\,\%\text{ Können} + 10\,\%\text{ Mögen} + 20\,\%\text{ Wollen}}{80\,\%\text{ Müssen} + 80\,\%\text{ Dürfen} + 70\,\%\text{ Sollen}} = 0{,}2$$

Um es nicht so weit kommen zu lassen, werden den Beteiligten folgende Fragen gestellt: »Welche Maßnahmen können ergriffen werden, um die extrinsischen Motivationsfaktoren zu minimieren und/oder die intrinsischen zu optimieren?« »Wie lässt sich Fremdbestimmung abbauen und Selbstbestimmung anregen?« »Wo ist es möglich, Sinnorientierung zu betonen und Zweckorientierung zu minimieren, um Gemeinsinn zu fördern?«

Anwendung der Formel

Auch wenn die Motivationformel praxiserprobt ist und sich mit einfachen Fragen handhaben lässt, dient sie primär der Veranschaulichung der Dynamik zwischen extrinsischer und intrinsischer Motivation.

Eine eindeutigere Verwendung von Modalverben erleichtert es, Dialoge transparenter zu führen. Häufig ist von Müssen die Rede, obwohl Aufgaben absolut selbstbestimmt übernommen wurden. Oder es muss die geläufige Floskel »Wir wollen doch gemeinsam ...« herhalten, obwohl manche im Kreis sich bereits innerlich verabschiedet haben, das angegebene Ziel nicht verfolgen und sich umso mehr vereinnahmt fühlen.

Die Motivationsformel hilft beim Aufdecken solcher Ausdrucksschwächen, denn Gemeinsinn und freiwilliges Engagement sind die Basis für das methodische Vorgehen.

2.2 Wertschätzende Selbstorganisation

Leitfragen dieses Unterkapitels sind:
- Wie kommen Wertschätzung und positive Entwicklung in der Praxis zum Tragen?
- Unter welchen Voraussetzungen findet Selbstorganisation statt?
- Wer begleitet wen während des Prozesses?

2.2.1 Wertschätzung und positive Ausrichtung

Bedeutsamkeit der zwei Aspekte

»Wertschätzung« meint den achtsamen Umgang miteinander und ist ein Schlüsselbegriff des Gemeinsinn-Konzeptes. Wertschätzung muss nicht aus moralischen Erwägungen erfolgen, sondern dient dem eigenen Interesse.

Wer die Werte (Bedürfnisse, Ziele, Visionen) und den Kontext (Fähigkeiten, Ressourcen, Kenntnisse) von anderen unterschätzt, falsch einschätzt bzw. abwertet, läuft Gefahr, mögliche Unterstützung für seine Vorhaben zu verlieren.

> Wer die Werte bei anderen (er-)kennt, kann die Zusammenarbeit besser einschätzen, präzise argumentieren und konkret handeln. Es lohnt sich also, durch Wertschätzung Wertschöpfung zu ermöglichen.

Ein weiterer Schlüsselbegriff, die »positive Ausrichtung«, lässt sich anhand folgender Forschungsergebnisse beschreiben (vgl. → E008).

Beispiele für positive Ausrichtung

Lehrern wurde aus »vertrauenswürdiger« Quelle mitgeteilt, von welchen der übernommenen Studenten sie gute und von welchen sie weniger gute Leistungen erwarten können. In Wirklichkeit war die Auswahl der Schüler willkürlich. Obwohl unterschiedliche Potenziale vorhanden waren, wurden die Leistungen der Schüler von den Lehrern entsprechend ihrer eigenen Erwartungen unterschiedlich bewertet. Die »auserwählten guten« Schüler erhielten überdurchschnittlich gute Noten, die anderen wiederum signifikant schlechtere. Dieses Phänomen ging in die Wissenschaft als »Pygmalion-Effekt« ein.

Sportler mit gleichem Leistungsniveau wurden in drei Testgruppen aufgeteilt. Die erste Gruppe wurde beim Training ständig auf ihre Fehler hingewiesen, die zweite erhielt Verbesserungsvorschläge und die dritte bekam Tipps, wie sie ihr Leistungspotenzial noch ausbauen könne. Das Ergebnis: die Leistungen der ersten Gruppe stagnierten, bei der zweiten Gruppe war eine leichte Leistungssteigerung zu verzeichnen, bei der dritten Gruppe hingegen war der Leistungsanstieg signifikant.

Zwei weitere bekannte Beispiele sind die »selbst erfüllende Prophezeihung«, bei der Visionen der Zukunft Einfluss auf die reale Zukunft haben, und der »Placebo-Effekt«, der die positive Wirkung von Medikamenten trotz fehlender Wirkstoffe beschreibt.

Die Beispiele belegen, wie die Ausrichtung der Gedanken die Realität beeinflusst und wie empfänglich Menschen für mentale Projektionen sind. Welche Konsequenzen ergeben sich daraus für die Vorgehensweise bei Gemeinsinn-Werkstätten?

Wertschätzende Erkundung

Die Recherche nach geeigneten Verfahren führte zu dem in Deutschland allmählich bekannter werdenden Methodenansatz der »Wertschätzenden Erkundung«, der sich im englischsprachigen Raum sehr erfolgreich als »Appreciative Inquiry« verbreitet. Er entstammt dem Bereich der Organisationsentwicklung und wurde unter anderem von David Cooperrider an der Case Western Reserve University (USA) entwickelt.

Diese Methode – auch »Positive Revolution in Change« genannt – verzichtet auf die bei Veränderungsprozessen übliche Problemfokussierung und stellt die Wertschätzung eines jeden Menschen in den Mittelpunkt. Sie geht nicht von negativen Erlebnissen aus, sondern konzentriert sich auf die positiven Erfahrungen und Kompetenzen von Organisationen, Netzwerken und beteiligten Individuen. Ihr Ziel ist die Erweiterung von strategischen Kooperationen, um Konflikte und Konkurrenz zu überwinden und den kulturellen Wandel des ganzen Systems zu beschleunigen (Cooperrider 1999).

Diese Methode hat das Konzept, die Leitsätze, den Ablauf der Phasen und die Methodik der Gemeinsinn-Werkstatt entscheidend inspiriert.

Praxisanleitung zum »Wertschätzenden Interview zu dritt«

Zum besseren Verständnis der Vorgehensweise bei der wertschätzenden Erkundung dient das im Folgenden vorgestellte, für diese Methode typische Set an Fragestellungen. Das »Wertschätzende Interview zu dritt« wurde dabei für die Bedürfnisse von Gemeinsinn-Werkstätten adaptiert. Die Fragen zum Thema des Leitfadens können jeweiligen Situationen anpasst werden. Wird dieses Interview im Wechsel zu zweit oder zu dritt durchgeführt, kommt der Effekt gegenseitiger Wertschätzung und Bereicherung hinzu.

Anleitung für das »Wertschätzende Interview zu dritt«

Die gesammelten Daten sind genauso wichtig wie der Prozess der Interviewführung selbst. Es geht darum, ein lebendiges Bild vom Interviewpartner und dem, was ihm wichtig ist, zu erhalten.

Die folgenden Fragen werden in Frageblocks zusammen (vor-)gelesen. Der »Erzähler« sucht assoziativ die Frage zu beantworten, die am meisten Reaktion bei ihm auslöst. Es ist von Vorteil, wenn eine zweite Person (»Interviewer«) die Fragen stellt und bei Bedarf ähnlich offene und positiv gerichtete Nachfragen formuliert, um den Erzählfluss in Gang zu halten. Bei Gemeinsinn-Werkstätten hat sich eine dritte Person bewährt (»Gutachter«), die auf die wichtigsten Aussagen, die symbolhafte Aussprache und positive nonverbale Signale achtet und diese festhält (Aha-Effekte, bildhafte Redewendungen, sprühende Begeisterung).

Für jeden Fragenblock stehen etwa fünf bis zehn Minuten Erzählzeit zur Verfügung. Am Ende des 20 bis 40 Minuten dauernden Interviews wechseln die drei Beteiligten ihre Rollen zweimal, bis alle ihre wertschätzende Erkundung – hier zum Thema »Beteiligung übers Reden hinaus« – durchgeführt haben. Anschließend werten sie gemeinsam die Ergebnisse des Gespräches in vier Frageblöcken aus.

Vergangenheit erinnern: Wann hat Ihnen Beteiligung richtig Spaß gemacht? Bei welchen Gruppenaktivitäten haben Sie sich besonders gern engagiert? Erinnern Sie sich an freiwilliges Engagement, das Sie für sich als besonders erfolgreich empfanden?

Erinnerung analysieren: Was hat Ihrer Meinung nach diesen Beteiligungsprozess unterstützt? Wieso kam es zu dem Erfolg? Was haben Sie oder andere dazu beigetragen? Welche speziellen Methoden oder Rahmenbedingungen haben dabei geholfen?

Zukunft vorstellen: Stellen Sie sich jetzt vor, drei Jahre sind vergangen. Sie befinden sich in der Zukunft und haben inzwischen an weiteren Beteiligungsprozessen thematisch bzw. methodisch mitgewirkt. Um welche Themen ist es gegangen, und was war Ihnen dabei wichtig? Was war Ihr Beitrag, und wer war beteiligt? Hat sich das Engagement für Sie und die anderen gelohnt? Zu welchen Verbesserungen hat Ihr Einsatz beigetragen? Wie bewerten Sie die Zukunftsaussichten des erzielten Ergebnisses?

Gegenwart konkretisieren: Zurück zur Gegenwart. Die Erinnerungen und Visionen haben Hinweise auf eine mögliche »Beteiligung übers Reden hinaus« ergeben. Was ist zu tun, um das zukünftige Ziel zu erreichen? Wer ist dabei zu beteiligen? Wie wollen Sie es angehen?

Weitere Details zu wertschätzenden Interviews finden sich im Baukasten (z. B. unter → V015 und G008).

Differenzierte Vorgehensweise

Zu Beginn von Veränderungsprozessen werden für gewöhnlich zunächst Mängel, Defizite und Probleme analysiert, um Schwächen zu reduzieren und Lösungen zur Verbesserung zu finden. Die Beteiligten erwarten konkrete Verbesserungsvorschläge zumeist von externen Experten und orientieren sich an der Machbarkeit (ganz im Sinne von zweckorientierter Umsetzung).

Bei der wertschätzenden Erkundung setzen sich die Beteiligten zunächst ein positiv formuliertes Ziel (als Arbeitstitel), thematisieren ihre eigenen Stärken und Erfolgserlebnisse und entwickeln darauf aufbauend konstruktive Zukunftsvorstellungen und dafür geeignete Maßnahmen. Verbesserungsvorschläge kommen von den Beteiligten selbst, es herrscht eine Haltung der Bescheidenheit und Zuversicht. So lassen sich Veränderungsprozesse aus eigener Kraft und gemeinsamem Erfahrungsfundus (sinnorientiert) umsetzen.

> Die Kultur der Wertschätzung nimmt Unterschiede wahr, ohne sie negativ zu bewerten.

Eine Entweder-Oder-Haltung der Beteiligten würde den Kennenlernprozess in der ersten Phase des Kontaktaufbaus erschweren und eine konstruktive Vertiefung des Themas behindern, wenn nicht gar unmöglich machen. Deshalb setzt die wertschätzende Erkundung auf eine Haltung des »sowohl als auch«: Sie lässt Unterschiede zu, stellt These und Antithese nebeneinander und sucht kreativ nach einer gewinnbringenden Synthese. Diese Vorgehensweise fördert eine »positive Eskalation« in Richtung Gemeinsinn.

Positive Ausrichtung

Die Forschung setzt zunehmend auf Lerneffekte aus positiven Beispielen. So lassen sich aus ungewöhnlich positiven Abweichungen (positive Devianz) oder aus vergleichsweise effektiven Herangehensweisen (»best practice«) Rückschlüsse auf die Verbesserungen im Alltag ziehen.

Wertschätzende Erkundung berücksichtigt darüber hinaus, dass viele Lernerfahrungen aus Erfolgen der eigenen Vergangenheit kommen können und von der Fähigkeit, aus Fehlern zu lernen. Wurden Gesprächspartner zunächst als uninteressant eingeschätzt, kann es im Verlauf des Kennenlernens zu spannenden Lernprozessen kommen. In vielen Fällen kann auch hinter scheinbar negativen Aussagen und Haltungen eine grundlegend positive Ausgangsbasis zu finden sein. Die grundlegend positive Orientierung der wertschätzenden Erkundung ermöglicht es den Beteiligten, im weiteren Prozess auf einer gemeinsamen Basis kritische bzw. negative Aspekte zu reflektieren:

> Negatives und Konflikthaftes wird nicht ausgeblendet, sondern zum passenden Zeitpunkt, wenn es konstruktiv angegangen werden kann, integriert.

Positive Grundhaltung

Ein weiterer Aspekt der positiven Ausrichtung ist die Grundhaltung, dass jedes Individuum eine grundsätzliche Existenzberechtigung hat und einen sinnvollen Teil des Ganzen darstellt. Wer auf das Besondere und Positive beim anderen achtet, wird auch dessen Schwächen und Fehler leichter akzeptieren können. Vielfalt und Akzeptanz von Fehlern sind Voraussetzungen für gegenseitiges Lernen. Dieses positive Menschenbild erhöht die Selbstorganisationsfähigkeit von sozialen Systemen, die sich – wie Pflanzen dem Licht – immer dem zuwenden, was sie am Leben erhält, bestätigt und motiviert.

Auch auf internationalem Parkett wird von einer Harvard-Studie empfohlen, vorbehaltlos konstruktiv zu sein. Die Strategie »Auge um Auge, Zahn um Zahn« führt zur Eskalation von Konflikten. Stattdessen könnten Kontakte aufgebaut werden, »die sowohl für die Beziehungen als auch für uns von Vorteil sind, ohne Rücksicht darauf, ob die Gegenseite ebenso handelt oder nicht« (Fisher/Brown 1989: 56). Auch wenn andere uns missverstehen, emotional reagieren, uns nicht zuhören wollen, uns täuschen, Druck ausüben oder unsere Interessen missachten, sollten wir dennoch

- Verständnis entwickeln,
- Emotionen mit Vernunft ausgleichen,
- Rücksprache halten, bevor wir Entscheidungen treffen,
- selbst vertrauenswürdig bleiben und niemanden hintergehen,
- offen für überzeugende Argumente sein und selbst überzeugen und
- Interessen ernst nehmen, uns damit auseinander setzen und davon lernen.

Positiv-provokative Aktionstitel

»Nomen est omen« – die Bezeichnung nimmt das Geschehen vorweg. Die Wahl eines Projekttitels ist ebenso wie die Wahl von Aktionsthemen, Fragestellungen und einladenden Worten in Gemeinsinn-Prozessen von großer

Bedeutung. Das gemeinsame Thema der Beteiligten ist der rote Faden, an dem sich alles orientiert.

Bei den ersten Schritten von Gemeinsinn-Prozessen kommt es darauf an, »echte« Beweggründe als Ausgangspunkt zu nehmen und das Anliegen so zu formulieren, dass es sich mit den vielfältigen Interessen derjenigen verbindet, die für die Umsetzung benötigt werden.

Beispiel Werkstatt-Titel in Frankfurt (Oder)
Auch den Initiatoren in Frankfurt (Oder) stellte sich die Frage, wie über die »üblichen Verdächtigen« hinaus andere Teile der Bevölkerung für Gewaltfreiheit, interkulturelles Verständnis und konkrete Aktionen gewonnen werden könnten? Eine Kollegin schlug »Toleranz« als Schlüsselbegriff vor. Doch andere Kollegen rieten ab, weil dieser Begriff schon viel zu sehr belastet und vereinnahmt worden sei. Das Brainstorming führte zum Titel »Toleranz in Frankfurt (Oder): TOLL statt ranzig!« und brachte durch die positive und dennoch den Status quo infrage stellende Formulierung genau den gewünschten Effekt.

Gut formulierte und gemeinsam präzisierte Themen zeichnen sich dadurch aus, dass sie die Perspektiven aufzeigen, ohne Handlungsoptionen für unterschiedliche Beteiligte einzuschränken. Deshalb empfiehlt es sich, Themen möglichst offen, positiv, provokativ und zukunftsweisend zu formulieren (→ G007).

2.2.2 Optionenvielfalt in Gemeinschaften

Die »potenzierte Drei«

Nicht jede Methode eignet sich für jede Situation. Dies gilt insbesondere bei dem Vorhaben, andere für eine Beteiligung zu gewinnen. Die Wahl der für ein Projekt geeigneten Methode orientiert sich an den gegebenen Rahmenbedingungen. Eine dieser Rahmengrößen ist die Anzahl der an einer Aktion Beteiligten. Die »potenzierte Drei« hat sich als Merkgröße für die Zuordnung von Verfahren und Methoden bewährt:

Tabelle 1: Gruppen- und Gemeinschaftsgrößen und die Mindestanzahl der Beteiligten nach Maßgabe der potenzierten Drei

Gruppenbezeichnung	»potenzierte Drei«	minimale Gruppengröße
Kleingruppe	ab 3^1	3 Personen
Mittlere Gruppe	ab 3^2	9 Personen
Großgruppe	ab 3^3	27 Personen
Kleine Gemeinschaft	ab 3^4	81 Personen
Mittlere Gemeinschaft	ab 3^5	243 Personen
Große Gemeinschaft	ab 3^6	729 Personen

Selbstverständlich werden auch Zwiegespräche und Einzelreflexionen stattfinden. Mit zunehmender Anzahl der Beteiligten steigt jedoch die Vielzahl an Optionen, es entsteht eine eigene Gesprächsdynamik, und die Gefahr der Anonymität und Vereinzelung nimmt zu. Deshalb ist eine gezielte Organisation von Klein- und Großgruppenphasen erforderlich, um die Selbstorganisation des Einzelnen zu ermöglichen. Je besser diese Phasen methodisch aufeinander abgestimmt sind, desto höher sind die Erfolgsaussichten.

Gruppengrößen bei der Organisation von Veranstaltungen

Beispiel eines Aktivierungsforums

Zur Aktivierung eines Vereins wird zu Beginn der Gemeinsinn-Werkstatt eine Veranstaltung für eine mittlere Gemeinschaft von etwa 300 Personen geplant. Die Kleingruppe der Veranstaltenden (sechs Personen) organisiert mithilfe einer mittleren Gruppe von Unterstützenden (24 Personen) die Veranstaltung und lädt in der »großen Gemeinschaft« des Vereins und dessen Umfeld potenziell Interessierte (2000 Personen) zum gemeinsamen Forum ein. Rund 300 Personen folgen dieser Einladung, nehmen am Forum teil und bilden Aktionsgruppen mit unterschiedlichen Gruppengrößen (zwei bis 60 Personen). Die mittlere Gruppe der Unterstützenden (24 Personen) bereitet die Veranstaltung nach, die Auswertung nimmt die Kleingruppe der Veranstaltenden (sechs Personen) vor.

Jede dieser Gruppen hat eigene Kommunikationsformen und Veranstaltungsregeln sowie unterschiedliche Aufgabenstellungen (Ideenentwicklung, Grundsatzentscheidungen, organisatorische Aufteilung, Aktionsplanung etc.). Damit ist es unumgänglich, über den Gesamtprozess hinweg verschiedene Methoden zum Austausch und zur Beteiligung zu nutzen. Dies setzt entsprechend vielseitiges Methodenwissen bei den Beteiligten voraus.

Eine der Großgruppenmethoden, die bei der Entwicklung der Gemeinsinn-Werkstatt eine wesentliche Rolle spielte, wird im Folgenden ausführlicher vorgestellt. Sie kommt in der Praxis häufig zum Einsatz und veranschaulicht, wie sich freiwilliges Engagement selbst organisiert entwickeln kann.

»Open Space Technology«

Die von dem amerikanischen Konferenzorganisator Harrison Owen entwickelte »Open Space Technology« bietet allen an einem Prozess beteiligten Personen einen größtmöglichen Gestaltungsrahmen für eigene Bedürfnisse und Interessen. Zwei Beobachtungen haben Owen zur Entwicklung dieses Konzeptes angeregt:

- Die besten Ideen und Projekte entstehen häufig in den Kaffeepausen von Konferenzen und Seminaren.
- Die etwa 500 Einwohner eines westafrikanischen Dorfes organisierten mit relativ wenig Planungsvorlauf auf ihrem kreisrunden Marktplatz ein phantastisch verlaufendes, fröhliches Fest. (Owen 2000: 20 f.)

Ausgehend von diesen Beobachtungen entwickelte Owen ein Veranstaltungsformat für Großgruppen, das eine schnelle Erarbeitung von kreativen Lösungen in offenen Arbeitseinheiten ermöglicht. Open Space Technology benutzt einfache Konferenzregeln und räumliche Gestaltungsmomente. Die Methode lebt von einer guten Vorbereitung durch Open-Space-Begleiter und Veranstalter, die großes Vertrauen in die Selbstorganisation und Eigenverantwortung der Beteiligten sowie in die Anziehungskraft des Themas haben.

Kennzeichnend für Open-Space-Veranstaltungen sind die öffnenden und teilweise selbstironischen Anleitungen (s.u.) zur Einführung der Konferenz. Einfache Strukturelemente (Sitzkreis, Zeiten und Arbeitsräume), angenehme Rahmenbedingungen (durchgängiges Essensbuffet, vielfältige Arbeitsmaterialien, selbsterklärende Plakatgestaltung) und die Optionenvielfalt auf dem »Markt der Möglichkeiten« regen die Beteiligung an.

Leitsätze der Open Space Technology

Die Tagung beginnt damit, dass sich der Veranstalter in die Mitte des Sitzkreises der Beteiligten stellt und in fünf bis zehn Minuten den Anlass des Zusammentreffens erläutert. Anschließend verweist der Open-Space-Begleitende auf das Themenplakat und eine leere Themenwand: »Die Fragestellungen und die Angebote der Anwesenden werden in 60 Minuten diese Wand mit einer Vielzahl Ihrer bedeutsamsten Themen füllen. Im Anschluss haben Sie die Möglichkeit, sich in interessenorientierten Arbeitsgruppen zusammenzufinden. Die Ergebnisse werden dann auf Protokollblättern festgehalten, die am Ende der Veranstaltung zu einer großen Dokumentation für alle gebündelt werden.« Dann folgen die Anleitungen:

- »Die, die hier sind, sind die Richtigen«: Während der Veranstaltung zählt nicht, wie viele oder welche Menschen dabei sind, sondern die Qualität der Interaktion.
- »Was immer passiert, es ist das einzige, das geschehen konnte«: Wirkliches Lernen oder tatsächlicher Fortschritt können nur stattfinden, wenn die Beteiligten bekannte Erwartungen ablegen und sich öffnen.
- »Es fängt an, wenn die Zeit reif ist«: Kreativität und Geist sind wesentliche Grundlagen des erfolgreichen Prozesses, sie richten sich nicht nach vorgegebenen Zeiten.
- »Vorbei ist vorbei, nicht vorbei ist nicht vorbei«: Wenn die produktive Zeit vorüber und die Aufgabe erledigt ist, wird ein Ende gesetzt und zum nächsten Interesse weitergegangen, um nichts zu zerreden. Ist ein Thema noch nicht abschließend besprochen, wird es an anderer Stelle weitergeführt.

Ein wesentliches Kriterium für das Großgruppenverfahren Open Space ist das »Gesetz der zwei Füße«: Wer in einer Arbeitsgruppe weder etwas beitragen noch etwas lernen kann, ehrt die Gruppe mit seiner Abwesenheit und bewegt sich zu einem produktiveren Ort (das einzige »Muss« des Open Space).

Dabei kommt es zu zwei »Erscheinungen«, die Owen in positive Bilder verpackt:

- »Hummeln« als Beteiligte, die von Gruppe zu Gruppe gehen und willkommene Gäste sind, da sie wertvolle Erkenntnisse aus anderen Gruppen mitbringen.
- »Schmetterlinge« als Beteiligte, die gar nicht so recht wissen, was ihr Thema ist oder was sie tun wollen, die aber bei aktiver Kontaktaufnahme wertvolle Gesprächspartner werden können.

Owen formuliert gegen Ende seiner Anweisungen noch zwei »Warnungen«:

- »Wann immer etwas geschehen soll, kann ich damit beginnen!«: Jeder ist für den Einsatz seiner Zeit und die Formulierung seiner Bedürfnisse selbst verantwortlich. Eigen- und Mitverantwortung beginnen im Kleinen.
- »Mit Überraschungen ist zu rechnen!«: Wer am Ende des Tages mit denselben Ideen, Erwartungen und dem gleichen Wissen geht, mit denen er am Anfang gekommen war, hat seine Chancen nicht wahrgenommen.

Weitere Vertiefung der Open Space Technology im Gemeinsinn-Werkstatt-Baukasten (z.B. → V005).

Das Marktprinzip

Es ist kein Zufall, dass Erkenntnisse zur Open Space Technology auf einem Marktplatz in einem kleinen afrikanischen Dorf entstanden. Sie folgt im Wesentlichen der Dynamik eines Marktes:

- »Geben und Nehmen«: Auf einem Markt werden Angebot und Nachfrage ausgeglichen, der Austausch findet auf sachlicher und sozialer Ebene sowie auf gleicher Augenhöhe statt.
- »Aktivität und Passivität«: Ein Markt eröffnet parallel Inseln der Betriebsamkeit und der Ruhe, formeller wie informeller Kommunikation.
- »Suchen und Finden«: Auf dem Markt herrscht eine Komm- und Gehstruktur, in der Anbieter und Interessenten wechselseitig aufeinander zugehen, sich ergänzen und vernetzen können.

Der gemeinsame Nenner ist das gemeinsame Thema: Bauernmarkt, Gemüsemarkt, Themenmarkt usw. Hier findet die Selbstregulierung des Austauschs durch Angebot und Nachfrage zu diesem gemeinsamen Thema statt. Es dient dem Publikum und den Anbietern als Orientierungshilfe bei der Gestaltung des Angebots bzw. bei der Suche nach entsprechenden »Waren«.

Ob im Rahmen eines »Gespräches« (Kleingruppe), einer »Runde« (mittlere Gruppe) oder eines »Forums« (Großgruppe und Gemeinschaft) – die Marktbeteiligten können nach eigenem Ermessen Räume und Marktangebote wahrnehmen.

Die Betreiber des Marktes sorgen für das Ambiente, für die organisatorischen Voraussetzungen, für die Werbung und die Klärung der Rahmenbedingungen auf den jeweiligen Märkten. Bei Bedarf greifen sie zur Beratung und Unterstützung auf qualifizierte Partner und Mitarbeiter zurück.

Ankündigungen und Regeln auf den Märkten erfordern kaum Erläuterungen; sie sind einfach und »selbstredend«. Freiwilligkeit und Eigenverantwortung der Anbieter und Besucher des Marktes sind wesentliche Voraussetzungen für ein funktionierendes Zusammenspiel.

Analog sind die Märkte in den Foren von Gemeinsinn-Werkstätten als Gestaltungsräume zu sehen, in denen die Beteiligten diskutieren, fantasieren, planen und konkretisieren. Dabei können sie je nach Lage der Dinge zu anderen Gruppen wechseln und neue Rollen annehmen. Der Besucher des einen Marktes kann beim nächsten Markt als Anbieter oder Veranstalter auftreten und umgekehrt.

Je partnerschaftlicher der Umgang auf diesen Foren ist, desto stärker verteilt sich die Verantwortung und der daraus resultierende Mehrwert auf alle Beteiligten (→ E722 Gestaltungsoptionen).

Integration Dritter

Ein wesentlicher Fokus liegt beim »sinnorientierten Markttreiben« auf der aktiven Beteiligung Dritter. Diese lässt sich mit einfachen Personalpronomen beschreiben:

Wenn »Ich« und »Du« sich verabreden, entsteht bereits ein »Wir«, eine einfache Beziehung. Haben die beiden ein gemeinsames brennendes Anliegen und möchten sie andere beteiligen, so bieten sich zwei Möglichkeiten:

- »zweckorientierte Integration«: Sie vereinbaren das Ziel, sorgen für eine schnelle Umsetzung und binden nur Personen ein, mit denen sie das Ziel am schnellsten erreichen können.
- »sinnorientierte Integration«: Sie klären zunächst, wen das Thema und die Auswirkungen ihres Vorhabens noch brennend interessieren und betreffen könnte; dies ermöglicht ihnen die partnerschaftliche Integration Dritter (»Er, Sie und Es«), bevor sie gemeinsam Lösungswege erarbeiten.

Marvin Weisbord, der Entwickler der »Zukunftskonferenz« (Future Search Conference), nennt diesen zweiten Ansatz »das ganze System in den Raum holen« (Weisbord/Janoff 2001). Er achtet dabei auf demokratische Grundprinzipien, Peer-to-peer-Strukturen und fördert die Integration von Außenstehenden und gesamtgesellschaftlichen Kontexten.

Bei Gemeinsinn-Werkstätten erfolgt die Integration unterschiedlicher Standpunkte und Meinungen in den Beteiligungsprozess nicht auf einmal, sondern schrittweise. Aus einem Wir kann dabei ein größeres Wir werden, wenn die zu integrierenden Gruppierungen (»Wir, Ihr, Sie«) sich ebenfalls in ihren Interessen wahrgenommen und ernst genommen fühlen. Dafür empfiehlt es sich, schon von Beginn an die Schlüsselpersonen dieser Gruppen mit einzubeziehen (vgl. → E323).

Umgang mit Gegenkräften

Wem es gelingt, auch Konkurrenz, Opposition, Minderheiten, Generationenvertreter u.a. für den Beteiligungsprozess zu gewinnen bzw. heftigen Gegenreaktionen von dieser Seite vorzubauen, der hat viel für die Nachhaltigkeit seines Vorhabens getan. Die erfolgreiche Beteiligung übers Reden hinaus steht und fällt mit den Reaktionen der Umwelt.

Die Vorgehensweise sollte zumindest nicht die Möglichkeit verbauen, eventuell später aufeinander zugehen zu können. Bisweilen ist ein längerer Atem erforderlich, um Öffnung, Anerkennung und Annäherung zu bewirken. Auch bei harten Interessenkonflikten ist deshalb die Abwertung und Ausgrenzung des Gegners zu vermeiden. Es hat sich bewährt, Herausforderungen schrittweise zu erhöhen, um die ersten Ergebnisse gut zu reflektieren und zu verankern, bevor die nächste Hürde genommen wird.

Erfahrungsgemäß eignen sich Gemeinschaftsaktionen auf sehr kreative Weise dazu, Gegner davon zu überzeugen, nicht nur ihre eigenen Interessen zu behaupten. Die Methode des »Community Organizing« gibt hier anschauliche Beispiele, wie kleine, kreative Protestaktionen vernetzter Gruppen selbst uneinsichtige Machthaber umstimmen können. Wichtig dabei ist ein selbstbewusstes, aber dennoch möglichst sachliches Auftreten, das den Gegner nicht in eine ausweglose Ecke stellt (Alinsky 1987).

> Je besser die Kontrahenten in Kontakt bleiben, ihre Bedürfnisse vermitteln, die des anderen wahrnehmen und ihre weiteren Schritte klar kommunizieren, desto erfolgreicher lassen sich größere Krisen vermeiden.

Der »Win-Win-Win-Effekt«

Gemeinschaft entsteht aus Beziehungen und ist mehr als die Summe ihrer Teile. Die Art der Beziehung und die Anzahl der Beteiligten nehmen wesentlichen Einfluss auf das Gesamtergebnis des gemeinsamen Vorhabens. Was zur Lebensqualität aller beiträgt, ist sowohl für den Einzelnen, die Gruppe als auch über die Gruppe hinaus erstrebenswert, weil es Vertrauen, Akzeptanz und Synergieeffekte stärkt.

Diesem Verständnis folgt auch der im Forschungsprojekt Gemeinsinn entwickelte »Win-Win-Win-Effekt« oder »Triple-Win-Effekt«:

$$1^1+1^1+1^1 < (1+1+1)^{1+1+1}$$

Wer bei der Gewinnmaximierung nur an sich selbst denkt, wird den geringsten Gewinn einstreichen: 1^1 ergibt 1. Wer seine direkten Verbündeten nach dem Prinzip zweckorientierten Handelns mit einbezieht, erhöht seine Chancen auf eine bessere Bilanz: $(1+1)^{1+1}$ ergibt 4, weil die Gruppe mehrere Kräfte vereint. Den Win-Win-Effekt kennen wir bereits aus kooperativen Ansätzen (z. B. Mediation, Synergieverfahren, Teammodell, Spieltheorie), die damit den Mehrwert von Zusammenarbeit verdeutlichen.

Wer jedoch auch Mitglieder anderer Gruppen, kommende Generationen und selbst Gegner in seine Gewinnabsichten mit einbezieht – $(1+1+1)^{1+1+1}$ ergibt 27 –, schafft eine zukunftsfähige Basis und damit den größten Gewinn für sich und andere, da auf lange Sicht viel mehr zurückfließt, als investiert wurde. Die aus Gemeinsinn resultierende Gewinnmaximierung bzw. die erzielten positiven Effekte in Hinblick auf Ressourcen, Erfahrungen, Zeit, Kontakte etc. lassen sich durch Erfahrungen und Forschungsergebnisse nachweisen. Sie rechtfertigen damit das höhere Engagement, das erforderlich ist, um mit der entstandenen Komplexität angemessen umzugehen.

2.2.3 Selbstorganisation und Prozessbegleitung

Das Selbst als Dreh- und Angelpunkt

»Stellen Sie sich vor, eine zentrale Instanz müsste alle Bewegungen steuern, die auf unseren Straßen erfolgen. Unmöglich, denken Sie sofort. Wenn aber jeder selbst am Steuer sitzt (Selbstorganisation), funktioniert es einigermaßen. Selbstorganisation ist die effizienteste Organisationsform für die Lösung komplexer Aufgaben. Deshalb ertönt der Ruf nach mehr ›Entrepreneurship‹, ›Empowerment‹ und ›Selbstverantwortung‹ umso lauter, je dynamischer und komplexer die Aufgaben im Unternehmen werden.« (Höfliger 2003)

Damit komplexe Prozesse in Großgruppen noch steuerbar bleiben, ist es erforderlich, Verantwortung und Entscheidungsbefugnisse zu delegieren und Machtverteilung zu dezentralisieren. Im Folgenden wird beschrieben, wie sich Selbstbestimmung, Selbstverantwortung und Selbstorganisation auf den Prozess einer Gemeinsinn-Werkstatt auswirken.

Zwischen Förderung, Forderung und Überforderung

Der Begriff »Selbstorganisation« ist auch aus der aktuellen Diskussion sozialer wie politischer Fragen nicht mehr wegzudenken. Nach gängiger Auffassung trägt jeder Einzelne zur Gestaltung seiner unmittelbaren Umwelt bei. Damit ist die motivierende Hoffnung verbunden, dass jedes System durch die Selbstorganisation seiner Mitglieder bereichert wird.

Liberalisierung, Privatisierung und der Trend zur Eigenverantwortlichkeit haben aber auch einen Haken: die schwächeren Mitglieder in der Gesellschaft. Was geschieht mit denen, die noch nicht oder nicht mehr die Fähigkeit oder die Kraft besitzen, für sich selbst zu sorgen? Nach welchem System lässt sich Mitverantwortung für diese Personen organisieren? Neben dem Plädoyer der Gemeinsinn-Werkstatt für mehr Selbstverantwortung stellt sich immer auch die Frage nach einer geeigneten Form der Mitverantwortung.

Jedes Mitglied einer Gemeinschaft entwickelt frühzeitig die geeignete Form gesellschaftlicher Verantwortung, soweit es dazu im sozialen Umfeld genügend Beispiele und Anregungen findet. Das Gemeinschaftssystem kann keine Selbstverantwortung auf existenzieller Ebene fordern, wenn es nicht auf weniger existenziellen Gebieten Lernräume zur Verfügung stellt. Hierzu müssen politisch wie institutionell Verantwortliche mehr Vertrauen in die Selbstorganisation ihrer Mitarbeiter, Mitbürger und Mitschüler entwickeln und signalisieren.

Das Vertrauen in die Selbstorganisation ist bei vielen gesellschaftlichen Teilsystemen noch immer gering. Viele Organisationsstrukturen, Kontrollmechanismen und Sanktionierungsmaßnahmen in Politik, Bildung, Arbeit und selbst bei freiwilligem Ehrenamt drücken ein permanentes Misstrauen in eigenmotiviertes und selbst organisiertes Handeln der Beteiligten aus. Schon kleine »Versuchsballons« der Selbstverantwortung werden argwöhnisch betrachtet, und ihr Scheitern dient als willkommene Bestätigung einer fehlenden Selbstorganisationsfähigkeit von Bürgern, Schülern oder Arbeitnehmern, anstatt dass es zur Einsicht führt, dass Verantwortlichkeit geübt werden muss.

> Gemeinsinn-Werkstätten sind ideale Übungsräume. Sie kennen keine Kontrolle oder Sanktion, da sie Zeit und Energie lieber in das partnerschaftliche Miteinander investieren.

Wo Lernbedarf ist, kann er befriedigt werden, und wo Handlungsbedarf ist, wird er unterstützt, soweit es das System leisten kann. Schließlich können auch Selbst- und Mitverantwortung in diesem Gemeinsinn und Vertrauen fördernden Rahmen gut gedeihen.

Partnerschaftliche Prozessbegleitung

Projektmanagement, das häufig als großtechnologisches Planungs- und Steuerungsinstrument verstanden wird, weist hingegen häufig Kontrollmechanismen auf, die wenig Vertrauen in die Selbstorganisation der Mitarbeiter setzen. Schon der Gedanke an Verpflichtungen, Deadlines und Rechenschaftsberichte schmälert in den meisten Fällen die Lust auf freiwilliges Engagement. Deshalb ist klassisches Projektmanagement nur bedingt dafür geeignet, Freiwilligkeit und Gemeinsinn zu entwickeln und aufrecht zu erhalten.

> Im Unterschied zu gängigen Projektverfahren haben Gemeinsinn-Werkstätten nicht einen Projektmanager, sondern mehrere. Genau genommen sind es so viele, wie sich am Projekt beteiligen.

Das hohe Maß an Selbstorganisation in Gemeinsinn-Werkstätten setzt voraus, dass ihre Organisatoren über entsprechende methodische Kompetenzen verfügen bzw. methodische Unterstützung erhalten. Die Unterstützung dieses Selbstbestimmungs- und Mitverantwortungsprozesses wird im Rahmen von Gemeinsinn-Projekten als »partnerschaftliche Prozessbegleitung« bezeichnet. Sie findet bei Gemeinsinn-Werkstätten in Form von Beratung, Evaluation, Moderation und Bildung statt. Begleitende von Gemeinsinn-Werkstätten haben lediglich eine methodisch unterstützende Funktion, keinesfalls eine Kontroll- oder gar Sanktionsfunktion.

Partnerschaftliche Prozessbegleitung fördert die Gleichheit aller Beteiligten im Sinne gleicher Chancen und Möglichkeiten. Sie berücksichtigt die individuellen Kompetenzen und die unterschiedliche Engagementbereitschaft der Beteiligten und bezieht sie in die erforderlichen Aushandlungsprozesse mit ein. Zur Koordination der Abläufe empfiehlt es sich, externe Begleitende hinzuzuziehen, die alle Mitwirkenden bei der Schaffung transparenter, wertschätzender und offener Rahmenbedingungen zur Gestaltung eines konstruktiven Beteiligungsprozesses unterstützen.

Die Gemeinsinn-Werkstatt nutzt hierzu Methoden der »reflexiven Dokumentation«, die auf eine partnerschaftliche Weise das festhalten, was gemeinsam besprochen und entschieden wurde. Neu Hinzukommende können sich daran orientieren, mangelhafte bzw. unerfüllbare frühere Entscheidungen können bei Bedarf bewusst und transparent abgesprochen, revidiert und erneut entschieden werden. Reflektiert werden kann mit Hilfe von Moderationstechniken, aber auch mit Methoden partnerschaftlicher und partizipativer Evaluation (vgl. Uhl/Ulrich/Wenzel 2004).

Begleitung von Eigendynamik

Begleitung ist vor allem dann notwendig, wenn die Beteiligten unbekannten oder schwierigen Aufgaben gegenüberstehen oder den Prozess möglichst schnell, kostengünstig und sicher bis zum Ende gehen wollen. Der beauftragte Begleitende sollte den Weg zuverlässig bis zum vereinbarten Ende mitgehen und flexibel auf die Bedürfnisse seiner Auftraggeber eingehen können. Diese wollen in der Regel seine Dienstleistung einmalig in Anspruch nehmen und dabei soviel lernen, dass sie in Zukunft ihre Aufgaben selbstständig lösen können.

Da jeder Prozess anders verläuft und unvorhersehbare Hürden und Konflikte birgt, die schnelle und reflektierte Reaktionen erfordern, sollten Begleitende über entsprechende Erfahrungen, Landkarten und Reisepläne verfügen, die sich auf dem Weg den Entwicklungen anpassen können.

Im Gemeinsinn-Werkstatt-Kontext sind die von Begleitenden angebotenen Beratungen, Moderationen, Evaluationen und Fortbildungen als zeitlich begrenzte Dienstleistungen und Lernangebote zu sehen. Begleitende bringen methodisches Expertenwissen ein, andere Experten engagieren sich inhaltlich und organisatorisch.

Grundverständnis von Begleitung

Begleitende schreiten also nicht voran oder laufen hinterher, sondern gehen verantwortlich »mit«. Sie folgen vorzugsweise dem Prinzip des partnerschaftlichen Umgangs, weil Abhängigkeiten von externen Beratern oder Trainern in Sinngemeinschaften nicht gewünscht sind. Gemeinsinn-Werkstätten folgen dem Motto: »Eigenleistung vor Fremdunterstützung«. Diese wird am besten von Begleitenden umgesetzt,

- die sich langfristig überflüssig machen wollen,
- die wissen, dass sie nicht alles wissen können, und
- die bereit sind, selbst dazuzulernen und sich begleiten zu lassen.

Begleitende von Gemeinsinn-Prozessen bringen ausschließlich ihre methodisch-organisatorischen Kenntnisse ein, die Beantwortung von inhaltlichen Fragen überlassen sie anderen. Weil sie sich inhaltlich nicht ablenken lassen, können sie mühelos Beziehungsaspekte erkennen und ansprechen. Auf diese Weise bleiben die Macht- und Kompetenzverhältnisse ausgewogen: Jeder hat seine Schwerpunkte; anstelle erschöpfender Abhängigkeit entsteht eine ergänzende Zusammenarbeit.

Aus systemischer Sicht bieten externe Begleitende Hilfe zur Selbsthilfe an, die das zu Tage fördert, was implizit im System schon vorhanden ist. Die Grundhaltung der Begleitenden von Gemeinsinn-Werkstätten lässt sich anhand folgender Stichworte beschreiben: Bescheidenheit und Achtsamkeit, Vertrauen in Selbstorganisation, Zuwendung in Ruhe und Gelassenheit, Spontaneität und Konfliktfähigkeit, Reflexion und Feedback (→ E713). Begleitende gelten durch ihre Vorbildfunktion als Katalysatoren eines intrinsisch motivierten Vorgehens über das Reden hinaus.

Orientierungsfragen

Prozessbegleitende sind gut beraten, mehr zu fragen als zu antworten. Wer hingegen »Ratschläge« erteilt, obwohl das erforderliche Wissen bei den Beteiligten bereits vorhanden ist, zerstört immer auch ein wenig deren Selbstbewusstsein. Begleitende bieten den Beteiligten durch allgemeine Fragestellungen und durch gezielte Nachfragen die Möglichkeit, sich selbst zu erleben, eigene Kompetenzen wahrzunehmen und Selbstbewusstsein zu entwickeln. Hierzu eine erste Zuordnung von Fragestellungen im Zusammenhang mit Gemeinschaftsorientierung (→ E113):

- »Was? Wofür?« fragt nach den eigenen Visionen und gemeinsamen Perspektiven in der Zukunft, den Inhalten und Themen. Die Motivation kommt von Wollen und Sollen.
- »Wie? Womit?« fragt nach den persönlichen Bedürfnissen und jeweiligen Anliegen in der Gegenwart, den Beziehungen und Methoden. Die Motivation kommt von Mögen und Dürfen.
- »Wer? Wovon?« fragt nach individuellen Fähigkeiten und gemeinschaftlichen Ressourcen der Vergangenheit, den Rahmenbedingungen und der Organisation. Die Motivation kommt von Können und Müssen.

Diese Fragen werden während einer Gemeinsinn-Werkstatt mehrfach gestellt und sind auch bei der Reflexion vergangener Erlebnisse hilfreich, damit zukünftige Entscheidungen davon profitieren können (→ E731).

2.3 Erfordernisse und Zielsetzungen

Leitfragen dieses Unterkapitels sind:
- Was sind Gemeinsinn-Kriterien, und wie werden sie eingesetzt?
- Welche Orientierungshilfen stehen Mitwirkenden in Gemeinsinn-Werkstätten zur Verfügung?
- Welche Empfehlungen erleichtern den Start einer Gemeinsinn-Werkstatt?

2.3.1 Gemeinsinn-Kriterien

Zielsetzung

»Gemeinsinn-Kriterien« sind kurze Orientierungsaussagen bzw. Prüfsteine. Sie dienen der Unterscheidung von sinn- und zweckorientierten Prozessen und sind fester Bestandteil der Gemeinsinn-Konzeption.

Der Begriff der »Konzeption« mit seinen Synonymen impliziert im Kontext von Gemeinsinn-Werkstätten drei Zielsetzungen:
- die Entwicklung von »Denkmodellen«, die auf ihre Alltagstauglichkeit überprüft werden wollen
- die »Befruchtung« zwischenmenschlichen Zusammenlebens
- die Formulierung von »Leitideen« zur besseren Orientierung und Verständigung der Beteiligten

Entsprechend dem konstruktivistischen Ansatz postulieren diese Ziele keine Wahrheiten, sondern sind vielmehr als Diskussionsgrundlage und Orientierungshilfe zur Klärung unterschiedlicher Erwartungen und zur leichteren Verständigung gedacht.

Einsatzfelder

Gemeinsinn-Kriterien dienen einerseits der besseren Planung und Reflexion von Gemeinsinn-Prozessen (Kapitel 2.3.2, → E232), andererseits der Entscheidung, ob und in welchem Umfang sich Gemeinsinn-Verfahren nach Maßgabe der Rahmenbedingungen sinnvoll umsetzen lassen (Kapitel 2.3.3, → E233).

Sie können auch als Bezugsrahmen für Evaluation genutzt werden. Dann beziehen sie sich nicht auf die thematischen Ziele der Beteiligten (»Was will ich in der Gemeinsinn-Werkstatt erreichen?«), sondern auf Ziele der Entwickler des Verfahrens (»Was will die Gemeinsinn-Werkstatt als Workshop- und Bildungskonzept erreichen?«). Somit leiten sich die methodischen Evaluationskriterien von den Gemeinsinn-Kriterien der Entwickler ab, während die inhaltlichen Kriterien von den jeweiligen Beteiligten kommen.

Ursprung

Gemeinsinn-Kriterien wurden als zusammenhängender Text bereits in Kapitel 2.1.2 (→ E212) vorgestellt, wo es um die »sinn- und zweckorientierten Gemeinschaften« ging. Ursprünglich stammen sie aus dem Gemeinsinn-Konzept, wo die Gemeinsinn-Kriterien in Tabellenform gegenübergestellt (→ E732) werden. Das Konzept ist Ergebnis einer längeren theoretischen Auseinandersetzung im Kreis der Entwickler, bei Beantwortung der Frage nach Selbst- und Fremdbestimmung sowie nach Förderung intrinsischer Motivation. Anregungen kamen vor allem aus der Sozialpsychologie, der Linguistik, der Pädagogik und der Systemtheorie.

2.3.2 Leitsätze

Affirmationen des Alltags

»Leitsätze« dienen den Beteiligten als Orientierungshilfen im alltäglichen Umgang. Sie fassen wichtige Gemeinsinn-Kriterien als einfache, leicht zu merkende Slogans zusammen (z. B. als Merksatz, Poster, Motto, Teil von Einladungstexten etc.), damit sie während der Arbeit nicht verloren gehen. Aus den bisherigen Ausführungen in Kapitel 2 ergeben sich folgende kurze »Affirmationen« (kurze bejahende Sätze), die scheinbare Widersprüchlichkeiten verbinden:

- »Ich allein kann schon viel, zusammen können wir mehr!«
- »Ich möchte ich selbst sein, um für andere sinnvoll aktiv zu sein!«
- »Weil ich an mich denke, will ich, dass es anderen gut geht!«

Motto einer Gemeinsinn-Werkstatt

Das dynamische »Motto« einer Gemeinsinn-Werkstatt lautet auf den Punkt gebracht:

»Voneinander lernen, miteinander gestalten und füreinander einsetzen!«

Als weitere Orientierungshilfen dienen Affirmationen, die drei Beteiligungsgruppen zugeordnet sind: »Beteiligte« (→ E005), »Koordinierende« (→ E006) sowie »Begleitende« (→ E007).

2.3.3 Einsatzempfehlungen

Einflüsse aus anderen Methoden

Im Rahmen von Gemeinsinn-Werkstätten kommen einige Verfahren bevorzugt zur Anwendung, die wesentlichen Einfluss auf die hier gegebenen Einsatzempfehlungen haben.

Open Space als zentrales Großgruppenverfahren wird bei Gemeinsinn-Werkstätten häufig angewandt und empfiehlt sich insbesondere, wenn viele an der Veranstaltung beteiligt werden (Großgruppenkontext), die inhaltliche Herausforderung hoch ist (Komplexität), die Beteiligten aus unterschiedlichen Bereichen kommen (Heterogenität), es um kontroverse Themen geht (Diskussionsbedarf) und Ziele des Engagements noch nicht festgelegt sind (Ergebnisoffenheit).

Weitere Einsatzempfehlungen für Gemeinsinn-Werkstätten entstammen methodischen Ansätzen wie Projektmanagment, Zukunftskonferenz, Community Organizing und wertschätzender Erkundung. Sie beziehen sich auf einmalige und außergewöhnliche Prozesse, die einen längeren Zeitraum umfassen, einen klaren Anfang und ein festgelegtes Ende haben (Projektansatz). Sie sind sinnvoll, wenn die Initiatoren das gesamte System mitberücksichtigen (Ganzheitlichkeit), auf Außenstehende und Opponenten sachlich und integrativ zugehen wollen (Integrationsansatz) und Prozesse lösungsorientiert mit den Ressourcen der Beteiligten umsetzen möchten (Wertschätzung).

Spezifische Empfehlungen der Gemeinsinn-Werkstatt

Darüber hinaus empfehlen Initiatoren und Begleitende von Gemeinsinn-Werkstätten den Einsatz der Gemeinsinn-Werkstatt insbesondere dann, wenn
- eine hohe Bereitschaft zu freiwilligem Engagement besteht (intrinsische Motivation);
- Beteiligung über das Reden hinaus gefragt ist (Handlungsbedarf);
- die Beteiligten ihre Erfahrungen einbeziehen, reflektieren und sichtbar machen wollen (reflexive Dokumentation);
- Fehler erlaubt sind, um aus ihnen zu lernen (Fehlerfreundlichkeit);

- neue Kontakte aufgebaut und bestehende nachhaltig verbessert werden können (erhöhter Vernetzungsgrad);
- die Beteiligten auftretende Konflikte austragen und lösen können (Konstruktivität); und wenn
- die Beteiligten sich auf komplexe Prozesse einlassen möchten (Komplexaffinität).

Einsatzempfehlungen auf einen Blick

Zusammengefasst sind Gemeinsinn-Werkstätten dann empfehlenswert,
- wenn ein Anliegen unter den Nägeln brennt, noch keine befriedigende Lösung in Sicht ist und viele etwas tun wollen;
- wenn sich viele unterschiedliche Personen freiwillig an dem Projekt beteiligen möchten und bereit sind, eigene Ressourcen einzubringen;
- wenn Konflikte zwar vorhanden, aber noch konstruktiv vermittelbar sind und sich alle auf das gemeinsame Ziel einigen können.

3 Das Projektverfahren: Beteiligungsprozess der Gemeinsinn-Werkstatt

Der Verlauf einer Gemeinsinn-Werkstatt orientiert sich an einem Projektverfahren, das mit spezifischen Phasenplänen, Aufgabenprofilen und methodischen Bausteinen Beteiligung über einen begrenzten Zeitraum koordiniert. Dieses Kapitel beschreibt:

- das »Projekt- und Prozessverständnis« aus theoretischer Sicht unter besonderer Berücksichtigung der grundsätzlichen Herangehensweisen und Aspekte der Projektarbeit (→ E31),
- die Umsetzung des Verfahrens und die »neun Schritte der Beteiligung« anhand eines Praxisbeispiels (→ E32),
- das »Prozessdesign und die Projektplanung« für den Aufbau und die Anwendung von Phasenplänen, Aufgabenprofilen und Bausteinen (→ E33).

3.1 Projekt- und Prozessverständnis

Leitfragen dieses Unterkapitels sind:

- Welchen Zielen folgt das Projektverfahren?
- Wie entsteht ein Gleichgewicht zwischen Struktur und Freiraum?
- Wie wird mit Komplexität umgegangen?

3.1.1 Ziele des Projektverfahrens

Prozessdimension »Wie«

Beteiligungsprozesse beziehen drei Dimensionen mit ein:

- Was ist der Inhalt des Prozesses?
- Wer ist am Prozess beteiligt bzw. zu beteiligen?
- Wie ist der Prozess zu gestalten?

Während »Was« und »Wer« je nach Aufgabenstellung und Beteiligten zu allen Zeiten stark variierten, bestand für das »Wie« lange Zeit nur eine begrenzte Auswahl an Möglichkeiten (vgl. Kapitel 1.2.3, → E123). Prozesse verliefen häufig nach vorgegebenen Mustern und in ritualisierten und institutionalisierten Verfahren ab. Insbesondere die Entwicklung der systemischen Organisationsberatung und neue Formen partizipativer Großgruppenmoderation haben in den letzten drei Jahrzehnten neue Prozessverfahren hervorgebracht.

Die meisten der neuen Beteiligungsmethoden (Open Space, Future Search Conference, Appreciative Inquiry) entstanden in den 80er Jahren in den USA, wo soziale und wirtschaftliche Herausforderungen neue Kooperations- und Austauschformen notwendig machten (Holman/Devane 2002: 7). Einige Ansätze (z. B. Zukunftswerkstatt, Metaplan oder Planungszelle) entstanden in Deutschland im Kontext von Friedensbewegung, Organisationsentwicklung und Partizipationsdebatte.

Bei der Suche nach angemessenen Methoden zur Gemeinsinnförderung konzentrierte sich die Recherche hauptsächlich auf die Frage nach dem »Wie?«. Denn ein Verfahren, das auf partnerschaftlicher, freiwilliger Beteiligung und Selbstorganisation aufbaut, benötigt einen methodischen Ansatz, der die dafür erforderlichen Grundlagen bietet.

Prozessdauer und Besonderheit von Projekten

Umfang, Effektivität und Dauer von Kooperationen hängen von der Komplexität, Bedeutung und Brisanz des Themas ab. Der Anlass kann akut sein und sofortiges Handeln erfordern (z. B. Demonstration, Hilfsaktion) oder aber langfristiger Natur sein und eher nach institutionalisierten Lösungen suchen (z. B. Verankerung in Ministerien, Gründung von Vereinen etc.). In einer Vielzahl der Fälle handelt es sich jedoch um mittelfristige Brisanz, die einen Interessenverbund oder ein Netzwerk auf Zeit erfordert.

Das Projektverfahren der Gemeinsinn-Werkstatt versteht sich als »mittelfristiges« Verfahren und damit als Ergänzung von »kurzfristig« spontanem Engagement und einem eher »langfristig« institutionalisierten Ehrenamt. Gemeinsinn-Werkstätten sind durchaus geeignet, nachhaltige Gemeinsinn-Netzwerke aufzubauen, die sich aber in der Regel von ehrenamtlichen Institutionen wie Parteien, Sportvereinen, Kirchenverbänden etc. unterscheiden (vgl. Kapitel 4, → E4).

Definition von »Projekt«
»Projekte« (lat. proicere = vorwärts werfen) erstrecken sich über einen festgelegten längeren Zeitraum, haben ein komplexes Thema zur Aufgabe, sind dabei zielorientiert und dennoch ergebnisoffen, benötigen ein eigenes Budget und rechtlich-organisatorische Rahmenbedingungen, sind neuartig, einmalig und außergewöhnlich (nach Schelle 2001).

Verantwortungsübernahme in Projekten

Die Arbeitsform Projekt kommt im Unternehmens- wie im Sozialbereich vor allem dann zum Tragen, wenn es um ein Thema geht, das von der üblichen routinemäßigen Themenpalette abweicht und die Verantwortlichen vor größere Herausforderungen stellt. Das Projektmanagement wird von dafür ausgebildeten Mitarbeitern übernommen und untersteht einem oder mehreren Auftraggebern aus der Führungsspitze der Organisation. Die Projektteams setzen sich aus Mitarbeitern verschiedener Abteilungen zusammen, die für den Projektzeitraum entweder abgestellt oder neu angestellt werden. Die Gesamtverantwortung in diesem institutionalisierten Kontext geht von einer Hierarchiespitze aus und wird sorgfältig delegiert, damit der Projektauftrag planmäßig organisiert und durchgeführt werden kann. Dem Motivationsverständnis nach sind solche Projekte häufig »zweckorientierten Projekten« zuzuordnen (vgl. Kapitel 2.1, → E21).

Gemeinsinn-Werkstätten hingegen gründen den Projektprozess auf Selbst- und Mitverantwortung, die nicht ausschließlich der Führungsebene entstammt, sondern auch persönlichem, freiwilligem Engagement entspringen kann. Selbstverständlich werden auch in Gemeinsinn-Werkstätten Projektmanagement- oder besser »Koordinationsfunktionen« ausgeübt, nur mit dem Unterschied, dass diese im partnerschaftlichen Gruppenprozess entwickelt worden sind. Die Vergabe von Leitung und Verantwortung orientiert sich an der Motivation der Beteiligten. Entsprechend ist hier von »sinnorientierten Projekten« die Rede.

Effektivität von Projekten

Die Nachhaltigkeitsforschung im Projektbereich von Betrieben kommt zu unbefriedigenden Ergebnissen: Jedes vierte Veränderungsprojekt versandet ohne Ergebnis. Von den restlichen erreichen dann vier von zehn nicht einmal 60 Prozent der angestrebten Ziele (ILOI 1997).

Bei »zweckorientierten Projekten« liegt die Gesamtverantwortung für den Prozess beim Projektmanager bzw. Projektteam. Es geht in erster Linie um das Erreichen eines vorgegebenen Sachzieles, um die Einhaltung der Projektdauer, die Effizienz des Ressourceneinsatzes, die Zufriedenheit der Projektbeteiligten und die erfolgreiche (also nicht gescheiterte) Durchführung des Vorhabens. Erst in zweiter Linie kommen zwischenmenschliche Faktoren zur Sprache, wie Vorbereitung von Projektbeteiligten auf Führungsaufgaben, Zusammenwachsen des Unternehmens und organisationales Lernen oder Humanisierung der Arbeit (Cremer 2002: 48 ff.).

Bei »sinnorientierten Projekten« erfolgen die Beurteilung der Wirksamkeit von Projekten und die Zufriedenheit mit den Ergebnissen aus anderer Perspektive. Da die Gemeinsinn-Werkstatt so viele Projektmanager wie Beteiligte hat, legen folgerichtig die Beteiligten selbst die Kriterien für die Beurteilung von Erfolg und Misserfolg fest. Zwar sind sinnorientierte Projekte keineswegs vor Fehlschlägen gefeit, allerdings spielt bei ihnen der »Humanfaktor« mit freiwilliger Beteiligung, gegenseitiger Wertschätzung und nachhaltiger Selbstorganisation die zentrale Rolle.

Die Bedeutung der erreichten Sachziele ist zweitrangig, da sie aus der Eigen- und Mitverantwortung der Einzelnen resultieren. Wer zu Beginn und im Verlauf des Prozesses seine persönlichen Ziele und den dafür erbrachten Einsatz festhält, kann am Ende sehen, ob sich der Einsatz gelohnt hat. Möglicherweise sind ungeahnte »Gewinne« oder »Verluste« im Verlauf des Projektes hinzugekommen, die am Ende jeder Phase reflektiert und transparent gemacht werden können.

Erfolgsfaktoren von Projekten

Die Pandora-Studie von Krüger und Baumann aus dem Jahr 1987 (Cremer 2002: 60) nennt 15 Gründe für das häufige Scheitern von (zweckorientierten) Projekten. Positiv gewendet (nach Maßgabe des Wertschätzenden Ansatzes) ergeben sich aus der Studie die »Kriterien für erfolgreiche Projekte«: Neben einer klaren Auftrags- und Zieldefinition benötigen Projekte eine qualitätsorientierte Steuerung (nicht nur mit Blick auf Terminvorgaben) und eine Problemanalyse, die bereits vor Beginn des Projektes ansetzt. Erfolg haben Projekte, die benutzergerechte Lösungen hervorbringen und dazu effektive Qualitätssicherung, Dokumentation und Transparenz nach innen betreiben.

Dies setzt nicht nur starke Projektleiter und motivierte Projektmitglieder voraus, sondern auch externe Kommunikation und Unterstützung sowie gute Außenbeziehungen v.a. mit betroffenen Fachabteilungen. Flexible und leicht zu implementierende Projektmethoden erleichtern den Umgang mit sich ändernden Rahmenbedingungen.

Diese Kriterien stimmen an vielen Stellen mit denen der Gemeinsinn-Werkstatt überein. »Sinnorientierte Projekte« setzen ebenfalls auf bedürfnisorientierte Auftragsklärung, interne wie externe Kommunikation, Qualitätssicherung, motivierte Projektbeteiligte und nicht zuletzt flexible und leicht zu implementierende Projektmethoden. Erfolg und Misserfolg liegen in den Händen der Beteiligten. Was im Regelfall eine Projektleitung zusammenführt, delegiert und verantwortet, verteilt sich in Gemeinsinn-Werkstätten auf mehrere Schultern und gemeinsame Aushandlungsprozesse. Gefordert sind lediglich Gemeinschaftsfähigkeit, kompetenter Einsatz von Methoden, hinreichende Kommunikation und förderliche Rahmenbedingungen.

3.1.2 Struktur und Freiraum

Freiräume strukturieren

In jedem Prozess findet der Spagat zwischen Chaos und Ordnung statt. Wieviel Offenheit vertragen eine Gruppe oder ein Netzwerk, ohne auseinander zu fallen und beliebig zu werden? Wann wird Verbindlichkeit zu stark, sodass jedes freiwillige Engagement erstickt?

> Struktur und Freiraum bedingen einander. Auch die Freiheiten einer Open-Space-Veranstaltung können nur entstehen, wenn die Rahmenbedingungen (Zeitrahmen, Arbeitsräume) vorbereitet wurden, die Ausgangsvoraussetzungen und Umgangsregeln klar sind und von allen Beteiligten akzeptiert werden.

Mitwirkende müssen ihr Augenmerk weniger auf die Kontrolle von Strukturen und Absprachen richten als vielmehr darauf, dass sie zentrale Meinungsunterschiede rechtzeitig thematisieren, Bedürfnisse austauschen und Konsensentscheidungen herbeiführen, um eine gemeinsame Basis und Balance zu finden.

Dies setzt Strukturen auf methodischer Ebene voraus, die den Beteiligten Orientierung und Planungssicherheit geben, ihnen helfen, Prioritäten zu setzen und letztlich zu einem ergebnisoffenen, aber durchaus zielgerichteten Zusammenspiel führen.

Strukturierte Prozesse helfen zudem, die kostbare Ressource »Zeit« besser zu nutzen. Nicht, um noch mehr zu arbeiten, sondern um die Zeit bewusster auf- und einzuteilen und auch »Frei-Zeiten« zu gewährleisten. Gemeinsinn-Werkstätten bieten solche Orientierungshilfen durch Phasenpläne, Aufgabenprofile und Methodenbausteine des Gemeinsinn-Werkstatt-Baukastens (vgl. Kapitel 3.3, → E33).

Übersichtlichkeit schaffen

Die sinnorientierte Planung und freiwillige Umsetzung von Gemeinsinn-Werkstätten misst dem Individuellen und Unterschwelligen, dem Akuten und Spontanen viel mehr Bedeutung bei als zweckorientierte Projektpläne. Deshalb haben Gemeinsinn-Werkstätten gleichwohl eine Struktur, aber keine Starrheit im Detail. Inhalte, organisatorische Maßnahmen und verwendete Verfahren liegen bei einer Gemeinsinn-Werkstatt im Ermessen der Beteiligten.

Je detaillierter Phasenpläne sind, umso mehr steigen die Anforderungen an den Berater. Wenn bei den am Prozess Beteiligten der Eindruck entsteht, nur noch Aufträge der Begleitenden abzuarbeiten – womöglich ohne zu wissen, warum –, entsteht das Gefühl von Fremdbestimmung. Begleitende von Gemeinsinn-Werkstätten hingegen schaffen Überblick, erklären die Notwendigkeiten, überlassen die Entscheidung für die passende Umsetzung jedoch den Beteiligten selbst. Diese können somit ihre Bedürfnisse viel klarer formulieren und eigene Visionen einbringen, häufig mit dem Vorteil, dass sie diese auch selbst umsetzen können.

Beispiel der Planungsrunde Netzwerk Politische Bildung Schwaben
Nach einer ausführlichen Beratung der Initiatoren, die eine bessere Vernetzung im Rahmen der politischen Bildung in ihrem Landkreis anstreben, wurde eine Planungsrunde mit Schlüsselpersonen aus Politik, Bildung und Forschung eingeladen. Die ersten Besprechungsergebnisse der Initiatoren zu Fragen des gemeinsamen Themas (Was?), der zu Beteiligenden (Wer?) und der methodischen Maßnahmen (Wie?) standen auf Kärtchen im Zentrum von großen Pinnwänden. Die Initiatoren leiteten jeden dieser Bereiche kurz ein (z.B. Forschungsergebnisse zum Thema); die Ergebnisse wurden anschließend in der Planungsrunde durch weitere Anregungen und Vorschläge aller Beteiligten ergänzt und besprochen.
Als die methodischen Möglichkeiten der Umsetzung zur Sprache kamen, war eine derartige Fülle an konkreten Vorschlägen und Un-

terstützungsangeboten vorhanden, dass die weitere Prozessgestaltung von ehrenamtlichen und mit Gemeinsinn-Werkstatt vertrauten Personen übernommen werden konnte. Der damals eingeleitete Vernetzungsprozess ist auch zwei Jahre später noch sehr erfolgreich im Gange. Die Methode wurde für den Gemeinsinn-Werkstatt-Baukasten aufbereitet (→ V012).

Entsprechend den Bedürfnissen und der Entwicklung des Prozesses können die Beteiligten getroffene Absprachen auch ändern, sollten aber darauf achten, dass dies für alle transparent und nachvollziehbar bleibt. Willkür führt zu Unzufriedenheit mit dem Prozess und dazu, dass auch andere ihre Zusagen willkürlich ändern.

Komplexe Beteiligungsprozesse gewinnen durch den Rahmen einer Gemeinsinn-Werkstatt an Transparenz, Verlässlichkeit und Vertrauen, denn wenn regelmäßig auf den Punkt gebracht wird, was für alle sinnvoll ist und langfristig etwas bringt, wird mit mehr Engagement reagiert.

Gemeinsamer Anfang und gemeinsamer Abschluss

Werden Projektvorhaben von verschiedenen Personen oder auch Institutionen initiiert, vermitteln sie bereits von Anfang an Kooperationsfähigkeit und Meinungsvielfalt. Wenn unterschiedliche Kooperationspartner ein Projekt gemeinsam entwickeln, können bereits zu Beginn eines Prozesses viele Fragen geklärt werden. Die Integration unterschiedlicher Interessenvertreter zu Beginn eines Prozesses erhöht die Akzeptanz für weitere Beteiligte, da sie sich mit ihren Anliegen eher vertreten fühlen.

Gelingt es darüber hinaus, den hinzukommenden Kooperationspartnern einen gleichberechtigten Einstieg zu ermöglichen, steigt die Identifikation aller Beteiligten mit dem Prozess und damit auch die entsprechende Engagementbereitschaft.

Der Verlauf der Einstiegsphase hat also Vorbildcharakter und ist bezüglich des Integrationsanspruchs einer Gemeinsinn-Werkstatt besonders wichtig.

Die Bereitschaft zur freiwilligen Beteiligung hängt auch davon ab, ob das Projektende absehbar und klar verabredet ist. Bleibt die Verantwortung überschaubar und wird sie durch einen bewussten, womöglich festlichen Abschluss beendet, steigt die Bereitschaft, Neues auszuprobieren und sich für etwas zu engagieren. Wenn sich dann noch die entstandenen Beziehungen, Strukturen und Methoden als tragfähig erweisen, können sie auch über das Projekt hinaus genutzt und ausgebaut werden (z. B. Gründung eines Vereins).

> Der Blick auf einen gemeinsamen Abschluss des Projekts fördert also in vielen Fällen Konzentration und Ergebnisorientierung. Die Präsentation, die Reflexion und das Feiern eigener Ergebnisse sind mit persönlichen wie sozialen Lerneffekten verbunden und können Energie für neue Prozesse freisetzen.

3.1.3 Umgang mit Komplexität

Förderung von Komplexität

Kennzeichnend für Gemeinsinn-Werkstätten ist die »Komplexitätsaffinität« und der offene und integrative Umgang mit der Beteiligung vieler unterschiedlicher Personen (vgl. Anforderungen an moderne Beteiligungsverfahren in Kapitel 1.2, → E12). Dies ist insbesondere vor dem Hintergrund erstaunlich, dass Abklärungsprozesse, die Koordination unterschiedlicher Arbeits- und Lernprozesse und der Einsatz zahlreicher Ressourcen nicht einfach zu koordinieren sind.

Für die Bewältigung solch komplexer Herausforderungen eignen sich am besten flache Hierarchien mit vielen Entscheidungsbefugnissen für die direkt Handelnden. Wenn Entscheidungen zu häufig auf Absegnung von oben warten müssen, besteht die Gefahr, dass der Flaschenhals-Effekt eintritt und Eigenständigkeit und Selbstverantwortung auf der Strecke bleiben.

Doch auch Abstimmungsprozesse in flachen Hierarchien bedürfen einer guten Vorbereitung, damit nicht Wichtiges durch Belangloses von der Tagesordnung verdrängt wird. Neben dem Vertrauen in die Selbstorganisationsfähigkeit eines partnerschaftlichen Systems (vgl. Kapitel 2.2.3, → E223) sind gut koordinierte Prozesse, Prioritätensetzung sowie Kooperations- und Kompromissbereitschaft für den reibungslosen Ablauf von Gemeinsinn-Prozessen erforderlich.

Das Vertrauen in die Selbstorganisation und eine authentische Form gegenseitiger Anerkennung sind beim Umgang mit Komplexität ausschlaggebend und werden durch Transparenz, Offenheit und methodisches Know-how gefördert.

Natürliche Prozessverläufe unterstützen

Die Gestaltung des Projektablaufs orientiert sich an den Rhythmen natürlicher Prozessverläufe wie Wachstumsprozessen, Ein- und Ausatmen, Jahreswechseln etc. Dem Kreislaufprinzip folgend, dehnen sich diese Prozesse bis zu einer bestimmten Größe aus und kehren dann mehr oder weniger wieder zum Ursprung zurück.

Soziale Netzwerke funktionieren ähnlich: Sie nehmen je nach Themen- oder Aufgabenstellung an Größe zu. Ist die Aufgabe erledigt oder das Thema nicht mehr aktuell, reduziert sich der Interessentenkreis. Bei einer neuen Herausforderung können die Netzwerkkontakte reaktiviert werden und in abgewandelter Zusammensetzung bzw. mit einer neuen Kombination von Außenkontakten an Größe zunehmen.

Umgang mit unterschiedlichen Rhythmen

Der Verlauf von Gemeinsinn-Werkstätten orientiert sich auch an den unterschiedlichen Lebensrhythmen. Was heute noch voller Begeisterung vorangetrieben wird, kann morgen Nebensache sein und bisweilen kurz darauf wieder an Bedeutung gewinnen. Während das Interesse an einem Thema bei manchen gerade abnimmt, kann es bei anderen zunehmen oder sogar besonders wichtig werden. Bei Beteiligungsverfahren, die den Rhythmus für alle vorgeben, kann eine solche Ungleichzeitigkeit zu Problemen führen, da ein Gleichtakt nötigenfalls mit Zwang und Gruppendruck eingefordert werden muss und sich damit innerer Motivation entgegenstellt.

Bei Gemeinsinn-Prozessen können die Beteiligten unterschiedliche Energieniveaus untereinander ausgleichen und langfristige Planungen kurzfristig abgleichen. Neu hinzugekommene Beteiligte und besonders motivierte Personen können Aufgaben von denjenigen übernehmen, die ihr Engagement eher als Pflicht und Belastung empfinden und sich vorübergehend zurücknehmen wollen.

Bewusster Umgang mit individuellen Interessenlagen

Bei Gemeinsinn-Prozessen kommt es insbesondere auf eine authentische Prioritätensetzung an. Diese orientiert sich an der Ausgangsfrage: »Was ist mir zurzeit am wichtigsten, wenn ich vergangene Zusagen, gegenwärtige Bedürfnisse und zukünftige Perspektiven mit berücksichtige?«

Die Antworten liegen nicht immer auf der Hand, gelegentlich wird diese Entscheidung dem Individuum von anderen aus der Hand genommen. Entscheidungsprozesse verlaufen oftmals informell, indirekt und intuitiv und sind dadurch nur schwer zu greifen. Wie alle Prozesse beginnen auch soziale Prozesse nicht bei »null«, sondern haben immer eine Vorgeschichte und ein Nachspiel, die bisweilen bedeutsamer ausfallen können als das aktuelle Geschehen.

Diesem individuellen, unbewussten und inoffiziellen Teil der Zusammenarbeit schenken Gemeinsinn-Werkstätten dadurch Beachtung, dass sie bewusst Szenarien berücksichtigen, die sonst meist außerhalb der offiziellen Planbarkeit liegen. Motivation kommt vom Individuum selbst, und deshalb legt die Gemeinsinn-Werkstatt viel Wert darauf, dass zu Beginn und am Ende von Phasen solche Einflüsse besondere Berücksichtigung finden.

Ausdehnung und Konzentration von Komplexität

Wenn jemand auf andere zugeht, sich mit ihnen verabredet, weitere Personen dazukommen, gemeinsame Projekte vereinbaren und umsetzen, dann steigt die Komplexität der Vorgänge. Die Vielzahl und Vielschichtigkeit der Eindrücke wird größer und könnte zu einer Überforderung der Beteiligten führen, wenn es nicht gelingt, die Komplexität zu reduzieren.

Manche Moderationsverfahren setzen bewusst darauf, zu Beginn die Komplexität zu steigern, um die Kreativität der Beteiligten zu stimulieren und einen gemeinsamen Kontext zu erarbeiten. Am Ende einer Veranstaltung konzentriert sich die Gruppe dann auf die Umsetzung der entwickelten Lösungsvorschläge, präsentiert Ergebnisse und kündigt die nächsten Schritte an. Die Konkretisierung fördert die Orientierung der Beteiligten, die Erfolgserlebnisse und die Bereitschaft zur Zusammenarbeit.

> Die Fähigkeit zur »Variation von Komplexität« setzt Methodenkenntnisse und entsprechende Erfahrung voraus (vgl. Volkmann 1984: 164). Sie gewährleisten, dass sich Entwicklungen im Projektzeitraum nicht verlieren, sondern wieder zusammenfinden und für alle Beteiligten von Nutzen sind.

Abbildung 5: Prozessverlauf der Gemeinsinn-Werkstatt mit Vernetzungs- und Komplexitätskurve und abgeleitetem Komplexitätsbogen der Phasen

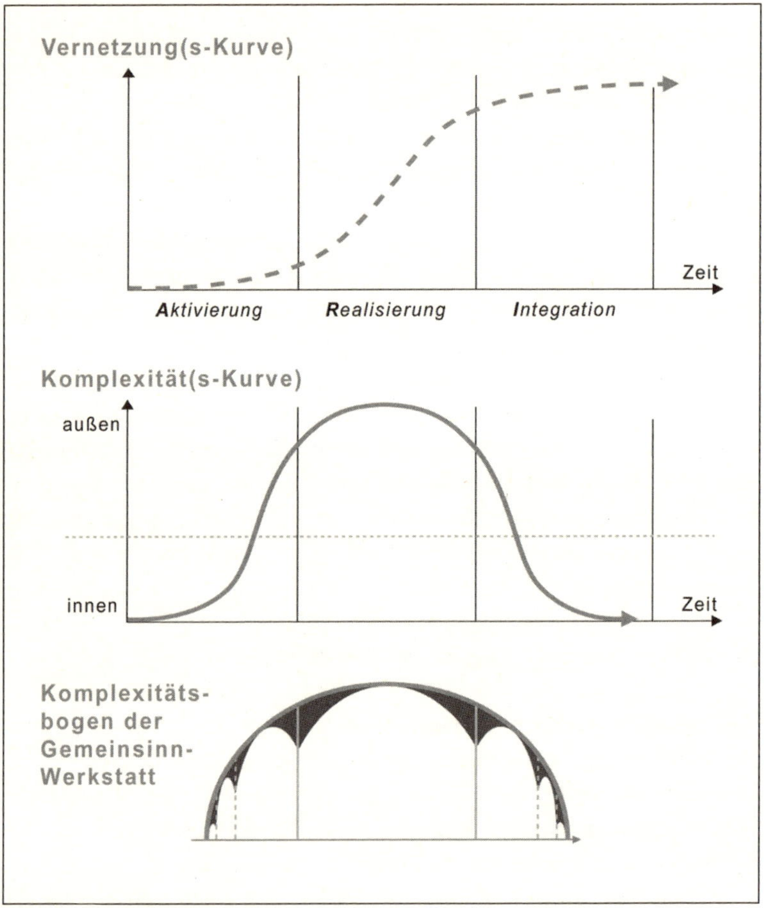

Prozessentwicklung bei der Gemeinsinn-Werkstatt

Die Verfahrensarchitektur der Gemeinsinn-Werkstatt orientiert sich am Konzept der Variation von Komplexität und lässt sich grafisch als Bogen darstellen (vgl. Abbildung 5). Der Komplexitätsbogen der Gemeinsinn-Werkstatt entspricht dem oberen Teil der Komplexitätskurve eines Gemeinsinn-Werkstatt-Prozesses: dem gemeinsamen, sichtbaren Teil. Was außen als Gemeinsinn-Werkstatt wahrgenommen wird, basiert auf Vorlauf und Nachbereitungen, die im Inneren jedes Beteiligten stattfinden. Auch während des Beteiligungsprozesses sind Entwicklungen im Inneren der Beteiligten im Gange, die letztlich den offiziellen Phasenablauf von Aktivierung, Realisierung und Integration tragen.

Die in den Komplexitätsbogen eingezeichnete Arkadenstruktur des Phasenverlaufs der Gemeinsinn-Werkstatt deutet an, dass jede Detailphase ebenfalls einen Komplexitätsbogen beinhaltet. Er beschreibt die Ausweitung und Reduktion von Komplexität, den Wechsel von Aktivität und Rückzug, von einladen und eingeladen werden. Letztlich lassen sich damit auch die Wechsel von Alltag und Projektarbeit beschreiben, die sich über den Projektzeitraum fruchtbar ergänzen.

Im Verlaufe einer Gemeinsinn-Werkstatt setzt ein kontinuierlicher Vernetzungsprozess ein, der zu einem Gewinn an Lösungspotenzial, Aufgabenbewältigung, Ergebnisqualität, Wissens- und Erfahrungszuwachs führt. Er wird mit der ansteigenden »Vernetzungskurve« dargestellt, umfasst den mittelfristigen Projektzeitraum und lässt sich mathematisch von der Komplexitätskurve ableiten. Im Vergleich zur kurzfristigen Vernetzungsenergie bei Einzelveranstaltungen, die erfahrungsgemäß so schnell sinkt wie sie ansteigt, ermöglicht die gelungene Kombination von Absprachen und Aktionen über einen längeren Zeitraum ein zunehmendes Vernetzungsniveau.

3.2 Neun Schritte der Beteiligung

Leitfragen dieses Unterkapitels sind:
- In welchen Beteiligungsschritten verläuft das Projektverfahren?
- Wie läuft eine Gemeinsinn-Werkstatt in der Praxis ab?
- Welche Ziele verfolgt das schrittweise Vorgehen der Gemeinsinn-Werkstatt?

3.2.1 Das Phasenmodell im Überblick

Beteiligungsschritte als Grafik

Kennzeichnend für das Projektverfahren ist ein Phasenverlauf, in dem sich der Kreis der Beteiligten schrittweise erweitern kann. Gegen Ende reflektieren die Beteiligten ihre Erfahrungen, die sie im Verlauf des Projektes in den entstandenen Kreisen gemacht haben (vgl. Abbildung 6). Dabei durchläuft das Gemeinsinn-Werkstatt-Verfahren unterschiedliche Phasen der Öffnung und Reduktion von Komplexität, um Vernetzungsprozesse zukunftsfähig zu gestalten. Die Beteiligungsschritte sind mit Nummern versehen, die im Anschluss erläutert werden.

Abbildung 6: Beteiligungsschritte der Gemeinsinn-Werkstatt

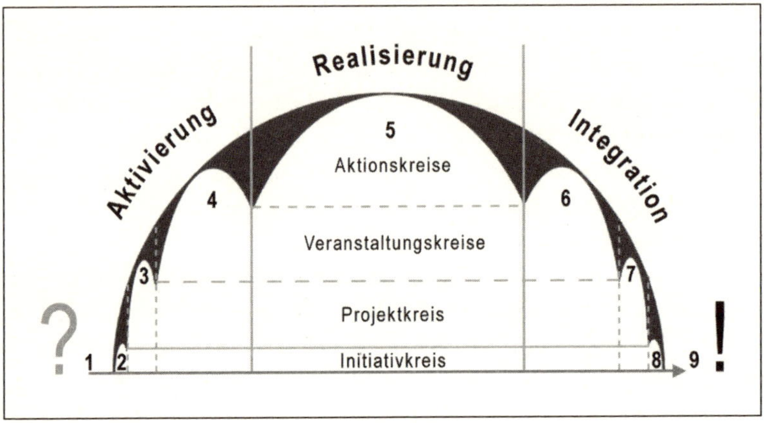

Beteiligungsschritte als Kurzsätze

1. Ausgangspunkt: Ein brennendes Anliegen für viele?
2. Klärungsgespräche Initiativkreis: Einige leiten den Prozess ein.
3. Planungsrunden Projektkreis: Neue Interessierte gestalten den Projektverlauf des Gesamtprozesses mit.
4. Aktivierungsforum Veranstaltungskreis: Die Großgruppe entwickelt Aktionen.
5. Realisierungsphase Aktionskreise: Die Beteiligten setzen in Einzelaktionen das Geplante um und halten Kontakt mit den anderen Aktionen.
6. Integrationsforum Veranstaltungskreis: Die Großgruppe reflektiert, präsentiert und feiert die Ergebnisse.
7. Auswertungsrunden Projektkreis: Das Projektteam sichert die Ergebnisse des Gesamtprozesses und leitet sie weiter.
8. Abschlussgespräch Initiativkreis: Die Initiatoren ziehen ihr Fazit.
9. Ergebnis ist ein gewachsenes Netzwerk, das nachhaltige Lösungen entwickeln konnte!

Phasen der Gemeinsinn-Werkstatt

Der Gesamtprozess gliedert sich in neun Beteiligungsschritte, die in drei Hauptphasen stattfinden: »Aktivierung« (Schritte 1 bis 4), »Realisierung« (Schritt 5) und »Integration« (Schritte 6 bis 9). Diesem Dreierschema folgen auch die »Vorbereitung, Durchführung und Nachbereitung« der einzelnen Detailprozesse. Auch individuelle Maßnahmen und Einzelaufgaben orientieren sich daran (vgl. die Phasenpläne in Kapitel 3.3.1, → E331).

3.2.2 Phasenverlauf

Hinweis auf Animation

Der Gemeinsinn-Werkstatt-Baukasten bietet drei animierte Kurzbeschreibungen aus Schule, Arbeitswelt und Stadtteilentwicklung. Mit schematisierten Kreisbildern sind sie über das Fragezeichen-Symbol der Kopfleiste zugänglich. Der Leitfaden veranschaulicht am »Beispiel praktizierter Stadtteilentwicklung«, wie engagierte Bewohner mithilfe einer Gemeinsinn-Werkstatt ihre Umgebung für sich und ihre Nachbarn lebendiger und attraktiver gestalten können.

Schritt 1: Ausgangspunkt

Ausgangspunkt für die Umsetzung von Gemeinsinn-Werkstätten ist immer ein Anliegen, das viele Menschen bewegt, weil eine große Herausforderung zu bewältigen oder eine starke Vision damit verbunden ist. Damit etwas passiert, muss mindestens eine Person (Initiator) zu diesem brennenden Anliegen aktiv werden und Verbündete suchen.

Beispiel
Jemand empfindet sein Wohnviertel als »öde« und möchte es attraktiver und lebendiger gestalten: für einen Menschen allein ein kaum zu leistendes Vorhaben.

Schritt 2: Klärungsgespräche Initiativkreis

Die Initiatoren überlegen, wen sie in den Prozess einbeziehen könnten, wer ihr Anliegen möglicherweise teilen könnte (potenzieller Interessentenkreis). Sie formulieren Anfragen, knüpfen Kontakte und leiten somit die »Aktivierungsphase« ein.

Beispiel
Der Initiator spricht in seinem Stadtteil Bekannte, Freunde und Hausbewohner an. Das Anliegen ist mehreren Nachbarn wichtig, und auch sie möchten, dass etwas geschieht.

Des Weiteren überlegen die Initiatoren, welche zusätzlichen »Schlüsselpersonen« möglichst früh in das Projekt eingebunden werden könnten, um mit ihren Kontakten, ihrem Einfluss und ihren Ressourcen zur Realisierung des Anliegens beizutragen.

Beispiel
Interessenvertreter und über das Wohnviertel gut informierte Personen – wie die Briefträgerin, der Frisör oder der Gastwirt sowie die zuständige Stadträtin – werden in den »Initiativkreis« eingeladen. Diese Personen haben in Vorgesprächen bereits signalisiert, dass sie bereit sind, einen Beitrag zu leisten.

Bei größeren Vorhaben ist es sinnvoll, bereits zu diesem Zeitpunkt Personen zu Rate zu ziehen, die Erfahrungen mit der Begleitung von Beteiligungsprozessen haben (Berater mit Know-how in Sachen Gemeinsinn-Werkstatt). Bei gemeinsamen »Klärungsgesprächen« konkretisieren die Initiatoren ihre Ziele, Interessen und das weitere Vorgehen, mit dem sie Beteiligung mobilisieren wollen.

Bereits in diesem Stadium können sich eine oder mehrere »Aktionsgruppen« bilden. Sie einigen sich auf einen Arbeitstitel und konkretisieren ihre Vorhaben (z. B. gemeinsame Innenhofgestaltung). Wenn die Realisierung des Anliegens weiterführende Ideen, Personen und Ressourcen erfordert, weil zum Beispiel der ganze Stadtteil betroffen ist, empfiehlt sich die Anwendung eines offenen Beteiligungsverfahrens für Großgruppen.

Beispiel
Der Initiativkreis einigt sich auf einen Arbeitstitel (z. B. »Wir machen unseren Kiez l(i)ebenswert«). Er will parallel mehrere Aktionen anstoßen und viele Bewohner des Stadtteils einbeziehen: Ein Platz mit Grünflächen wirkt einladender, das Gemeindehaus könnte mal wieder einen Anstrich vertragen und für gemeinsame Feste offen stehen. Die Stadträtin kümmert sich um die Finanzierung einer Gemein-

sinn-Werkstatt, die Schülersprecherin will den Direktor ihrer Schule für den Initiativkreis gewinnen, und ein mit der Entwicklung des Stadtteils beauftragter Quartiermanager mit Gemeinsinn-Werkstatt-Erfahrungen bietet die Beratung des Prozesses an.

Besteht Interesse an einem längeren Gestaltungsprozess, bilden die Mitwirkenden des Initiativkreises eine »Initiativgruppe«, um den Prozess zu dem verabredeten Thema voranzutreiben, und formulieren eine entsprechende Absichtserklärung.

Schritt 3: Planungsrunden Projektkreis

Die Absichtserklärung zu einer Gemeinsinn-Werkstatt beinhaltet auch die Gründung eines Projektkreises. Bei komplexen Anliegen empfiehlt es sich, weitere Projektpartner hinzuzuziehen und die anstehenden Absprachen zu koordinieren. Die Gemeinsinn-Werkstatt bedient sich hierzu dialog- und beteiligungsorientierter Methoden, die freiwilliges Engagement freisetzen und wertschätzen.

Gleichzeitig spricht die Initiativgruppe Personen an, die ebenfalls am Thema bzw. am Prozess interessiert sind und mit ihren Ressourcen und ihrem spezifischen Methoden- und Organisations-Know-how zum Gelingen des Vorhabens beitragen können

Beispiel
Die Stadträtin kennt aus ihrem Wahlkreis einen Unternehmer, der eine PR-Agentur leitet und die Werbeaktion beraten kann; der Quartiermanager bittet einen Kollegen aus der nahegelegenen Universität um Evaluation des Gesamtprozesses; der Gastwirt stellt seine Räume für Treffen zur Verfügung; die Bäckerin von nebenan hat Kontakte zu einigen Sponsoren für einen Aktionsfonds aufgebaut und auch selbst dazu beigetragen.

Die Gemeinsinn-Werkstatt als Projektverfahren kann je nach Anliegen, Größe und Zielsetzung drei Monate, aber auch drei Jahre dauern. Begleitende, die sich mit der Beratung, Moderation und Evaluation von Beteiligungsprozessen auskennen, geben dabei methodische Tipps und Anregungen.

Beispiel
Auch die Projektgruppe findet den Arbeitstitel passend und einigt sich endgültig auf die Durchführung einer Gemeinsinn-Werkstatt. Der Projektzeitraum wird auf ein Jahr veranschlagt, der im Stadtteil zuständige Quartiermanager als Berater beauftragt und der Mitarbeiter der Universität, der eigene Erfahrungen mit der neuen Methode sammeln möchte, für die Evaluation gewonnen. Ein Nebenzimmer der Gastwirtschaft wird zum Umschlagplatz für Informationen und Projekttreffen, wobei der Verzehr von Speisen und Getränken die Unkosten deckt. Ein Student richtet gegen ein »Taschengeld« eine Homepage ein, die für Informationen und Austausch via Internet genutzt wird.

In diesem Stadium entwickeln die Beteiligten einen »Basisprojektplan« und stimmen ihn auf die jeweiligen Möglichkeiten und Bedürfnisse ab. Dieser beinhaltet alle wesentlichen Basisaktionen wie Finanzierung, Öffentlichkeitsarbeit, Veranstaltungsplanung bis hin zur Internet-Präsenz. Auf diese Weise entsteht aus dem unverbindlichen Projektkreis eine für die Gestaltung einer Gemeinsinn-Werkstatt verantwortliche interdisziplinäre »Projektgruppe«.

Schritt 4: Aktivierungsforum Veranstaltungskreis

Im nächsten Schritt plant die Projektgruppe eine Großgruppenveranstaltung, die als eine der wichtigsten Basisaktionen möglichst viele Interessierte erreichen und die Planung verschiedener Aktionen ermöglichen will. Zur Vorbereitung, Durchführung und Nachbereitung des »Aktivierungsforums« beruft ein Teil der Projektgruppe einen »Veranstaltungskreis« ein. Dieser aus Moderatoren, Organisatoren und Helfern bestehende Kreis entwirft das Methodendesign für die Großgruppenveranstaltung, bestellt Materialien und Geräte und kümmert sich um sämtliche Vorbereitungen bis hin zur Raumgestaltung. Bei Bedarf zieht er aus dem Begleitnetzwerk weitere Begleitende und Betreuende hinzu.

Beispiel
Der Projektkreis hat eine Gemeinsinn-Werkstatt-Begleiterin als Moderatorin engagiert, die vom beratenden Quartiermanager und methodisch interessierten Mitwirkenden im Veranstaltungskreis unterstützt wird. Außerdem hat sich ein Lebensmittelhändler bereit erklärt, Speisen für das Buffet zu spenden, zu dem die Mutter der Schülersprecherin mit einem Frauenarbeitskreis ebenfalls einen Beitrag leisten möchte. Der Kopierladen stellt zum Selbstkostenpreis Kopien für die Tagungsmappe zur Verfügung und möchte so die Anwohner auf sich aufmerksam machen. Die Musikschule und ein Sozialhilfeprojekt erklären sich bereit, die Materialien zur Veranstaltung zu finanzieren bzw. auszuleihen, da auch sie besseren Kontakt zum Stadtteil aufbauen wollen.

Auf diese Weise entwickelt sich aus dem unverbindlichen Veranstaltungskreis die »Veranstaltungsgruppe Aktivierungsforum«, die zuverlässig die Großveranstaltung vorbereitet, durchführt und sie anschließend auch nachbereitet.

Zwischenschritt 4a: Vorbereitung

Sobald sich die Veranstaltungsgruppe Aktivierungsforum auf einen Termin und Veranstaltungsort geeinigt hat, startet sie eine offene Einladungsaktion mithilfe von Flyern, Plakaten, einer Interviewaktion, durch gezielte Mund-zu-Mund-Propaganda, direkte Anschreiben etc.

Ein eigens für die Dauer der Veranstaltung gebildetes »Begleitteam« sorgt dafür, dass sich alle diejenigen an der Veranstaltung beteiligen können, die bislang bei der Organisation und Gestaltung der Räume, Materialien und methodischen Herangehensweisen mitgeholfen haben. Von wenigen Ausnahmen abgesehen, können sich diese Personen während der Veranstaltung der inhaltlichen Arbeit widmen, ohne sich um organisatorische Belange rund um die Veranstaltung kümmern zu müssen. Das Begleitteam wird um freiwillige und professionelle Betreuer erweitert und ist damit sowohl für die Moderation als auch für eine funktionierende Technik, die Gestaltung der Arbeitsräume und des Buffets sowie gegebenenfalls für Übernachtungsmöglichkeiten verantwortlich.

Beispiel
Die Veranstaltungsgruppe entscheidet sich dafür, das Aktivierungsforum nicht an drei aufeinander folgenden Tagen, sondern an zwei Wochenenden, jeweils am Freitagabend und am Samstag durchzuführen. Der Schuldirektor der ansässigen Hauptschule hat für diese Veranstaltungen die Turnhalle zur Verfügung gestellt. Die Plakataktion »Wir machen unseren Kiez l(i)ebenswert«, zwei regionale Zeitungsartikel, Verweise auf Informationen im Internet und Mundpropaganda haben eine erfreuliche Resonanz bewirkt: Rund 150 Anmeldungen liegen vor.

Zwischenschritt 4b: Durchführung

In Aktivierungsforen kommen – je nach Anzahl der Beteiligten – unterschiedliche Großgruppen-Methoden wie Wertschätzende Erkundung oder Open Space zum Einsatz. Der Ablauf dieser Foren gliedert sich in drei Phasen:

- In der »Willkommens- und Kennenlernphase« können sich die Beteiligten inhaltlich orientieren und gegenseitig besser kennen lernen.
- Die »Themenphase« dient zur Vertiefung und zum Austausch von Interessen sowie zur Entwicklung von Visionen.
- In der »Aktionsphase« überlegen die Beteiligten konkrete Einzelaktionen, bilden zu gleichen Vorhaben Aktionskreise, planen die ersten Schritte und laden die anderen zur Beteiligung ein.

Beispiel
Die Großgruppenmoderation begleitet methodisch durch verschiedene »Märkte«, die die Entwicklung von konkreten Vorhaben unterstützen. Eine Sozialpädagogin und mehrere Schüler der Kollegstufe helfen als Assistenten und Hospitanten des »Begleitteams« bei der Umsetzung des Verfahrens mit. Die unterschiedliche Zusammensetzung der Beteiligten und die ausgezeichnete Arbeitsatmosphäre regen eine Vielzahl von Aktionen an. Die Beteiligten stellten am Ende des Forums rund 30 Aktionen vor: von der Baumpflanzaktion mit dem anliegenden Kindergarten bis zur gemeinsamen Grundsanierung des städtischen Bürgerhauses.

Zwischenschritt 4c: Nachbereitung

Nach dem Aktivierungsforum wertet der Veranstaltungskreis die eigenen Erfahrungen und die Ergebnisse der Zwischenevaluation aus. In einer Nachbesprechung zieht der Veranstaltungskreis mit Vertretern der Projekt- und Initiativgruppe Schlüsse für den weiteren Verlauf. Damit wird die Aktivierungsphase abgeschlossen, die »Realisierungsphase« setzt ein.

Schritt 5: Realisierungphase Aktionskreise

In der Realisierungsphase erfolgt die Umsetzung der geplanten »Einzelaktionen«. Die Resonanz auf die gute Zusammenarbeit im Aktivierungsforum und konkrete Anfragen bei Außenstehenden führen dazu, dass neue Aktive zu den einzelnen »Aktionskreisen« hinzustoßen. Um die Umsetzung der Vorhaben kümmern sich selbst organisiert arbeitende »Aktionsgruppen« aus eigenem Antrieb.

Die Großveranstaltung hat vielen Menschen deutlich gemacht, dass sie mit ihren Anliegen und Aktionsvorhaben nicht allein sind, sondern bei anderen Unterstützung finden können. Um dies zu betonen, kündigt die Projektgruppe bereits auf der Veranstaltung begleitende und unterstützende »Basisaktionen« an, die den Kommunikationsfluss und die Projektumsetzung erleichtern.

Beispiel
In der Gastwirtschaft, in der jeden Monat ein Gemeinsinn-Tag stattfindet, wird zum Austausch von Informationen ein schwarzes Brett angebracht. Der Student betreut den interaktiven Austausch auf der Homepage der Gemeinsinn-Werkstatt; die lokale Zeitung hat sich bereit erklärt, wöchentlich über die aktuellen Entwicklungen zu berichten. Die Stadträtin hat eine Anhörung beim Bürgermeister arrangiert, dem Quartiermanager wurde ein Antrag auf Projektförderung genehmigt, und die Bäckerin hat 2400 Euro für einen selbst verwalteten Unterstützungsfonds für Aktionen im Stadtteil gesammelt.

Grundlage für die zahlreichen Einzel- und Basisaktionen ist Freiwilligkeit. Deshalb kann es vorkommen, dass einzelne Beteiligte Zusagen wieder zurücknehmen, allzu idealistische Vorstellungen einen Dämpfer erfahren oder bei der Umsetzung von Einzelaktionen Frustration aufkommt.

In solchen Fällen können bestehende und neue Kontakte aus Sackgassen heraushelfen, auch kann der regelmäßige Austausch mit anderen am Projekt Beteiligten zu neuen Erkenntnissen und Synergieeffekten führen. Bei größeren Herausforderungen können Beteiligte über den Prozessberater oder das Begleitnetzwerk der Gemeinsinn-Werkstatt Unterstützung anfordern, zum Beispiel Konfliktmoderation oder gezielte Fortbildungen in Projektmanagement-Methoden.

Beispiel
Im Stadtteil verlaufen fünf Vorhaben im Sande, die anderen fünfundzwanzig Einzelaktionen können jedoch erfolgreich gestartet werden. Bei den monatlichen Treffen wurden neue Ideen entwickelt und bisherige Vorhaben vorangetrieben. So bringt zum Beispiel die Anhörung beim Bürgermeister die Renovierung des städtischen Bürgerhauses voran, und ein Workshop verbessert die Zusammenarbeit zwischen einzelnen Aktionen.

Schritt 6: Integrationsforum Veranstaltungskreis

Ein wichtiges Etappenziel ist erreicht: Viele Einzel- und Basisaktionen konnten erfolgreich umgesetzt werden, andere laufen noch weiter. Nun beginnt die »Integrationsphase«, bei der die Projektgruppe erneut einen »Veranstaltungskreis« einrichtet. Alle Mitwirkenden, auch jene, die während der Realisierungsphase hinzukamen oder ausgeschieden sind, werden eingeladen, um gemeinsam ein Resümee zu ziehen. Das »Integrationsforum« ist dabei ähnlich organisiert wie das Aktivierungsforum. Nur steht diesmal die Sicherung, Vorstellung und Auswertung der Ergebnisse im Vordergrund.

Bei Integrationsforen fasziniert die Vielschichtigkeit der Erlebnisse, die im Wechsel von Klein- und Großgruppen zu Tage treten. In Einzelgesprächen werden projektbezogene Erfolge und Misserfolge besprochen und wesentliche Lernerfahrungen und Optimierungsmöglichkeiten festgehalten. Im Verlauf dieser Veranstaltung stellen die Mitwirkenden dem Plenum die Resultate der einzelnen Projekte und die Ergebnisse der zuvor angelaufenen Evaluation vor. Jeder hat auf seine Weise zur Realisierung des Projektzieles beigetragen und feiert gemeinsam mit den anderen die erzielten Erfolge.

Beispiel
Die Kindergärtnerin erzählt von der Baumpflanzaktion und den Reaktionen der Nachbarn. Ein Lehrer der benachbarten Schule berichtet, dass die Begrünung des Schulhofes die Pausenatmosphäre verbessert hat. Der Universitätsmitarbeiter verweist nach der Evaluation auf den hohen Anteil von Senioren und ihr überdurchschnittliches Engagement. Die Stadträtin möchte bei ähnlichen Aktionen die Presse anders einbinden. Beim Abschlussfest genießen die Beteiligten das selbst gestaltete Buffet und das Kulturprogramm.

In den folgenden Wochen stellt die Veranstaltungsgruppe des Integrationsforums alle wichtigen Dokumente zu einem Kooperationsbericht zusammen, den sie verschickt bzw. über Internet zur Verfügung stellt.

Schritt 7: Auswertungsrunde Projektkreis

Die Projektgruppe legt während des gesamten Prozesses großen Wert auf eine transparente Gestaltung ihres Vorhabens. Bereits im Vorfeld der Großveranstaltung hat sie damit begonnen, die Ergebnisse aufzubereiten, um diese im Rahmen einer »Projektauswertung« den am Projekt Beteiligten und der Öffentlichkeit zu präsentieren.

Dafür ist eine abschließende »Auswertungsrunde« der Projektpartner vorgesehen, die sich nach Abschluss der Dokumentationsarbeit trifft. Hier fassen die Beteiligten zusammen, was sich im Verlauf des Projektes gut entwickelt hat und was beim nächsten Mal anders gemacht werden könnte. Sie führen die erzielten Lerneffekte und Erfolge auf und beschreiben, inwieweit sie bei einzelnen Aktionen Unterstützung fanden bzw. mit welchem Aufwand sie die gesteckten Ziele erreicht haben.

Beispiel
Die Projektgruppe hat für den Gemeinsinn-Baukasten einen Kurzbericht aufbereitet und einen neuen Methodenbaustein entwickelt. Die Stadträtin präsentiert das Projekt »Wir machen unseren Kiez l(i)ebenswert« bei einem Städte-Wettbewerb und erhält stellvertretend für alle Beteiligten eine Auszeichnung. Der Student stellt die Ergebnisse der Abschlussevaluation ins Internet – es kommt zu Interviewanfragen von zahlreichen, auch überregionalen Medien.

Schritt 8: Abschlussgespräch Initiativkreis

Die Integrationsphase endet mit einem »Abschlussgespräch im Initiativkreis«. Hier treffen sich all jene Personen, die von Beginn an der Gemeinsinn-Werkstatt zum Leben verholfen und den Weg geebnet haben. Die Beteiligten können die Entwicklung des Gesamtprojektes und ihrer eigenen Rolle ebenso vertiefen wie die Planung weiterer Unternehmungen, die aufgrund der guten Kooperation entstanden sind.

> *Beispiel*
> Etwa drei Monate nach dem Integrationsforum treffen sich Initiator, Stadträtin, Schülersprecherin, Schuldirektor, Bäckerin und Gastwirt mit dem Quartiermanager bei einem gemeinsamen Abendessen, lassen die vergangenen eineinhalb Jahre Revue passieren, freuen sich gemeinsam über die Erfolge und informieren sich gegenseitig über die neuesten Entwicklungen.

Schritt 9: Ergebnisse

Aus dem seinerzeit initiierten Projekt sind verschiedene Gruppen und Gemeinschaften hervorgegangen, die sich zu einem oder mehreren Gemeinsinn-Netzwerken zusammengeschlossen haben. Die Beteiligten konnten in der Zwischenzeit neue Kontakte knüpfen, alte vertiefen, zusätzliches methodisches Wissen hinzulernen und Gemeinsinn erfahren. Die Ergebnisse sind spürbar und auch nach außen sichtbar.

> *Beispiel*
> Die Stadtteilbewohner kennen sich besser, grüßen sich häufiger, lachen mehr miteinander und helfen sich öfter als früher. Der Gemeinsinn-Stammtisch beim Gastwirt und die Internetseite werden auch nach Auflösung der Initiativ- und Projektgruppe beibehalten. Einige der Einzelaktionen sind noch nicht beendet, und es kommen immer wieder neue hinzu. Die Planungen zur Sanierung des Bürgerhauses würden noch ein Beteiligungsverfahren zur besseren Einbindung der Bürgerschaft benötigen. Eine neue Gemeinsinn-Werkstatt ist im Gespräch.

3.2.3 Beteiligung in Schritten

Vom Interessierten zum Koordinierenden

Die Beispiele zeigen anschaulich, wie Beteiligungsschritte zur Stabilisierung von Beziehungen beitragen können. Die Gemeinsinn-Werkstatt gibt den Stadien der schrittweisen Konsolidierung eigene Begriffe, damit auch für Außenstehende deutlich wird, wie stabil der Zusammenhalt ist und wie konkret die Absprachen bereits getroffen sind.

Auf kleinster Beteiligungsebene diskutiert ein loser »Kreis« von Interessierten über die jeweiligen Perspektiven (Wollen). Auf mittlerer Beteiligungsebene hat eine »Gruppe« von Mitwirkenden bereits die konkrete Umsetzung beschlossen. Thema, Methode und Organisationsform werden nach Bedarf übernommen und Verantwortlichkeiten aufgeteilt. Dabei richten sich die Mitwirkenden am Bedarf der Gruppe wie der Einzelnen aus (Mögen) und suchen bei fehlenden Ressourcen nach weiteren Mitwirkenden.

Je stärker unterschiedliche Aufgabenfelder abgedeckt werden müssen, um als Gruppe funktionsfähig zu bleiben, desto mehr kommt es zur Aufgabenteilung, die sich an den Fähigkeiten der beteiligten Partner orientiert (Können). Bei größeren Vorhaben, bei denen nicht mehr jeder Schritt gemeinsam abgesprochen werden kann (basisdemokratische Demokratie), wird die Zusammenarbeit stärker differenziert. So entstehen »Teams«, die von Koordinierenden moderiert und vertreten werden und dadurch eine tiefere koordinierende Beteiligungsebene schaffen. Die Informations- und Entscheidungsstruktur entspricht der einer »repräsentativen Demokratie«, bei der delegiert wird und Meinungen anderer repräsentiert werden.

Schlüsselpersonen einladen

Der soziale Raum von Gemeinsinn-Werkstätten lebt von der schrittweisen Integration wichtiger Personengruppen. Dabei kommt es darauf an, zu einem frühestmöglichen Zeitpunkt die passenden Schlüsselpersonen zu finden und einzubeziehen, die als formelle und informelle Vertreter und Vermittler den Zugang zu weiteren Interessengruppen schaffen können. Nur wenn sich die Interessengruppen zum gemeinsamen Anliegen frühzeitig vertreten und eingeladen fühlen, werden sie den späteren Entwicklungsprozess vorantreiben, mittragen oder zumindest nicht behindern. Ihre Schlüsselfunktion ergibt sich aus folgenden Gründen:

- *Funktion:* Menschen, die aufgrund ihrer Position innerhalb eines sozialen Systems oder einer Organisation ausschlaggebend für Entwicklung sind (Vorstand, Personalrat)
- *Motivation:* Menschen, die ein starkes inhaltliches Interesse an einem Entwicklungsprozess haben, davon stark betroffen sind und andere motivieren können
- *Ressourcen:* Menschen, die innerhalb eines Entwicklungsprozesses wesentliche Ressourcen einbringen können (Räume, Finanzen, methodisches Know-how)
- *Kontakte:* Menschen, die als Schnittstellen viele andere Personen innerhalb und außerhalb eines sozialen Systems erreichen können
- *Vertrauen:* Menschen, die innerhalb von Netzwerken ausgleichende Wirkung haben und von unterschiedlichen Interessens- und Interessensparteien anerkannt werden

Aspekte der Zusammenarbeit

Bei komplexen Projekten genügt es keineswegs, »nur« methodisch sauber vorzugehen. Aus menschlicher Sicht wirkt sich eine zu starke Technisierung negativ auf die Begeisterung, Motivation und Inspiration der Beteiligten aus – eine Vergeudung von kostbaren Ressourcen für jeden Prozess.

In Gemeinsinn-Werkstätten entscheiden drei »Aspekte der Zusammenarbeit« über den erfolgreichen Verlauf eines Beteiligungsprozesses:
- die Dynamik (Motivation), weil sie den Prozess antreibt, öffnet und am Leben hält
- die Orientierung (Gestaltung), weil sie den Prozess konzentriert, Ordnung und Rahmen bietet
- der Verlauf (Entwicklung), weil er im Prozess zwischen Dynamik und Ordnung vermittelt und von den Mitwirkenden vereinbart, umgesetzt und reflektiert wird

Die Mitwirkenden bestimmen diese drei Aspekte der Zusammenarbeit in einer Gemeinsinn-Werkstatt selbst. Ihre Motivation orientiert sich an ihren Bedürfnissen, Fähigkeiten und Visionen. Mit Konsensentscheidungen tragen sie zur inhaltlichen, organisatorischen und methodischen Gestaltung bei. Dadurch legen sie die Entwicklung des Prozesses fest, der Selbstorganisation, Eigen- und Mitverantwortung und freiwilliges Engagement ermöglicht (vgl. → E812).

Demzufolge ist die Gemeinsinn-Werkstatt sowohl produktorientiert als auch prozessorientiert. Produkt ist in diesem Fall die Umsetzung der jeweiligen Zusagen, um ein gemeinsames Ziel zu erreichen. Prozess hingegen meint die Art und Weise des Umgangs miteinander bei der Erreichung des Zieles. Die Form der Zusammenarbeit ist aus sinnorientierter Sicht der Gemeinsinn-Werkstatt von wesentlicher Bedeutung und wird damit selbst zum Produkt.

Unterschiedliches Engagement wertschätzen

Ein weiterer Faktor für die Nachhaltigkeit von Beteiligungsverfahren ist die Differenzierung und Anerkennung von spontanem und dauerhaftem Engagement. Ob bezahlte oder nicht bezahlte, ob lang- oder kurzfristige Beteiligung, mit viel oder wenig Einsatz – echtes Engagement kommt aus der Faszination für das Thema, der eigenen Betroffenheit, der Verbundenheit mit den Menschen und/oder der Lust am professionellen Arbeiten. Während die einen spontane Aktion bevorzugen, benötigen andere langfristigere Absprachen, um sinnvoll arbeiten zu können.

> Die Menschen und ihre Zielvorstellungen sind verschieden, das jeweilige Potenzial an Engagement und Durchhaltevermögen ist es auch.

Bisweilen enden Projekte im Aufrechnen der jeweiligen Leistungen und in einer Art Enttäuschung über die geringe Zuverlässigkeit der einen bzw. die vielen Anforderungen der anderen Partei. Um dies zu verhindern, sind bereits im Vorfeld Klärungsgespräche über die unterschiedlichen Erwartungen und die jeweilige Engagementbereitschaft notwendig. Manche sind bereit, als Initiatoren den Prozess anzustoßen und am Laufen zu halten, andere treiben die langfristige Projektplanung voran, wieder andere kommen eher sporadisch hinzu und bringen je nach Lust und Laune ihre Kreativität und Arbeitskraft ein.

Gemeinsinn-Werkstätten kombinieren diese Unterschiede und bringen sie in Einklang. In einigen Fällen entsteht aus spontanem ein längerfristiges Engagement, weil es den Einzelnen nutzt und der Gemeinsinn-Werkstatt-Rahmen solche Veränderungen ermöglicht. Das Integrationsforum und die Abschlusstreffen der Projekt- und Initiativgruppe wertschätzen diese unterschiedlichen Formen der Engagementbereitschaft. Jede Gruppe schafft sich ihren eigenen Raum, um das Projekt angemessen abzuschließen.

3.3 Prozessdesign und Projektplanung

Leitfragen dieses Unterkapitels sind:

- Welche zeitliche Struktur weist das Projektverfahren auf, und wann kommen Phasenpläne zur Anwendung?
- Welche Aufgabenprofile kennzeichnen die Gemeinsinn-Werkstatt, und wie fördern sie den Prozess?
- Wie können die Bausteine des Methoden-Baukastens die Umsetzung von Gemeinsinn-Projekten unterstützen?

3.3.1 Phasenpläne

Phasenplan-Übersicht

»Phasenpläne« dienen zur Koordination und Abstimmung von Projekten, an denen viele beteiligt sind. Sie erleichtern es den Beteiligten, in einem Projekt von Phase zu Phase und von Meilenstein zu Meilenstein zu gelangen.

Das bereits eingeführte Phasenschema mit Aktivierung, Realisierung und Integration dient dabei als verlässliche Grundlage sowohl für Einzelaktionen wie auch für das Gesamtprojekt. Eine Gemeinsinn-Werkstatt ist als Rahmen für parallel laufende Aktionen auf die zeitliche Koordination angewiesen. Dazu wird ein System von Kurzbezeichnungen verwendet, das die Phasenplan-Übersicht ergibt (vgl. Abbildung 7).

Aktionsebenen

Gemeinsinn-Werkstätten gliedern sich in »Basisaktionen«, die den Rahmen des Prozesses schaffen, und »Einzelaktionen«, die auf dieser Basis aufbauen. Dazu gibt es im Projektverlauf zwei entscheidende Zäsuren: das »Aktivierungsforum« und das »Integrationsforum«. Diese beiden Großgruppenveranstaltungen rahmen das Zentrum des Geschehens ein: die Realisierungphase. Die Anbieter im Aktivierungsforum entwickeln, koordinieren und verantworten die Einzelaktionen der Realisierungsphase eigenständig. Deshalb sind diese Aktionen weitgehend auf die individuelle Motivation und Kompetenz sowie die gegenseitigen Absprachen der Beteiligten angewiesen. Die Basisaktionen der Realisierungsphase haben zum Ziel, Vernetzungs- und Bildungsprozesse zu fördern.

Abbildung 7: Phasenplan-Übersicht

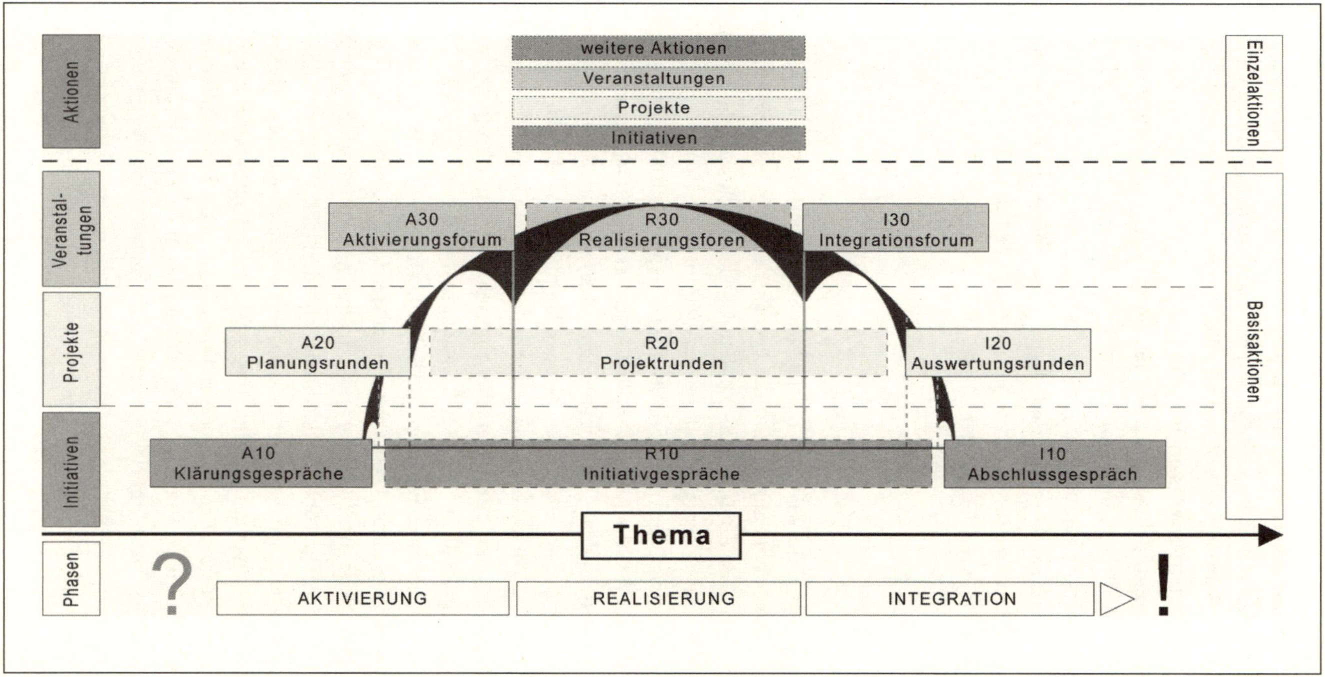

Aktionsformate

Gemeinsinn-Werkstätten lassen eine Kombination verschiedener Aktionsformate zu: Initiativen, Projekte, Veranstaltungen und weitere Aktionen. Über die Reihenfolge und Konkretisierung der Umsetzung entscheiden die Mitwirkenden gemeinsam. Je nach Anzahl der Beteiligten (vgl. Kapitel 2.2.2, → E222) gliedern sich Aktionen in »Initiativen« (kleine bis mittlere Gruppen mit drei bis 26 Personen), »Projekte« (mittlere bis große Gruppen mit neun bis 80 Personen), »Veranstaltungen« (große Gruppen bis große Gemeinschaften von 27 bis 2000 Personen) und »weitere Aktionen«, die von der Ideenumsetzung eines Einzelnen bis zum Aufbau einer Institution oder eines Netzwerks für Millionen reichen können.

Hauptphasen

Das Gemeinsinn-Werkstatt-Beispiel zur Stadtteilentwicklung (Kapitel 3.2.2, → E322) hat bereits ausführlich die verschiedenen Beteiligungsphasen veranschaulicht. Die Zuordung der Phasenpläne lässt sich wie folgt zusammenfassen (die Siglen werden im nächsten Abschnitt erläutert):

- *Aktivierung:* Die »Aktivierungsphase« beginnt mit »Klärungsgesprächen« (A10) zwischen Initiatoren, Schlüsselpersonen und Begleitenden (Initiativkreis). In den »Planungsrunden« (A20) wird der Kreis um wichtige Projektpartner erweitert. Sie legen das Thema, das Verfahren und die Umsetzung von Basisaktionen (z. B. Evaluation) fest und bilden bei Entscheidung für eine Gemeinsinn-Werkstatt eine koordinierende Projektgruppe für den Gesamtverlauf. Eine dieser Basisaktionen ist die methodische und organisatorische Gestaltung des »Aktivierungsforums« (A30) durch einen Veranstaltungskreis. Die eingeladenen Beteiligten können bei dieser Großgruppenveranstaltung ihre jeweiligen Themen einbringen und konkrete Einzelaktionen und »Aktionskreise« für die spätere Umsetzung entwickeln.
- *Realisierung:* In der »Realisierungsphase« setzen die Beteiligten die in der Aktivierungsphase vereinbarten Basis- und Einzelaktionen um. Bei den Rahmen schaffenden »Basisaktionen« kann es sich sowohl um Initiativgespräche (R10), Planungsrunden (R20) als auch Realisierungsforen (R30) handeln. Die »Einzelaktionen« sind je nach Verabredung eigenständige Initiativen, Projekte, Veranstaltungen und weitere Aktionen.
- *Integration:* Die »Integrationsphase« bündelt die Ergebnisse aus Aktivierungs- und Realisierungsphase für ähnliche Prozesse in der Zukunft. Alle Mitwirkenden werden von einem neu gebildeten Veranstaltungskreis zum

»Integrationsforum« (I30) eingeladen, um sich über die Erfolge und Misserfolge des Projektes auszutauschen, Ergebnisse zu präsentieren und das Erreichte zu feiern. Die Koordinatoren der Basisaktionen (Projektgruppe) beschreiben und reflektieren in einer »Auswertungsrunde« (I20) ihre Erfahrungen mit der Projektarbeit. Im »Abschlussgespräch« (I10) nimmt die Initiativgruppe eine Schlussanalyse vor.

Systematisierung

Zur besseren Orientierung und Übersicht folgen Phasenpläne einem Zahlensystem (z. B. A10, R20), das sich durch die gesamte Gemeinsinn-Werkstatt zieht. Es erleichtert die Zuordnung und die Kommunikation bestimmter Beteiligungsschritte und Aktionen über ein längeres Projekt hinweg. Phasenpläne mit zentraler Bedeutung sind in Abb. 7 durchgängig umrandet (A10, A20, A30, I30, I20 und I10) und in jeder Gemeinsinn-Werkstatt unbedingt durchzuführen. Alle gestrichelt umrandeten Phasenpläne (R10, R20, R30) sind der Planung der koordinierenden Projektgruppe unterworfen und entsprechend optional. Die gepunktet umrandeten Phasenpläne der Einzelaktionen entscheiden sich erst auf dem Aktivierungsforum und sind der Selbstverantwortung der Beteiligten (bei A30) überlassen. Die Zahlenfolgen von Aktivierungs- und Integrationsphase wurden der Spiegelbildlichkeit des Verfahrens mit seinen Beteiligungskreisen angepasst. So entspricht zum Beispiel der erste Phasenplan A10 dem letzten I10, die auf Initiativebene Anfang und Abschluss bilden.

Anwendung

Die Phasenpläne des Gemeinsinn-Werkstatt-Baukastens sind als Checklisten für die Besprechung von Aktionen zur Entwicklung, Koordination und Reflexion von Gemeinsinn-Prozessen gedacht. Sie dienen der schrittweisen Dynamisierung und anschließenden Stabilisierung bzw. Konsolidierung der Zusammenarbeit.

Die »Motivationsabfrage« im ersten Teil einer Phase ist dynamisch und wird von Begleitenden oder Koordinierenden dem Rahmen, den Mitwirkenden und deren Gruppengröße angepasst. Mal ist es ein lockeres Gespräch, mal ein Anmeldebogen, mal ein Interview, mal ein Workshop-Verfahren, in dem die Mitwirkenden ihre Motive abgleichen.

Im zweiten Teil denkt der Kreis über die konkrete »Gestaltung« der anstehenden Phase nach. Dabei strukturieren die Mitwirkenden gemeinsam das Vorgehen und übernehmen eigenverantwortlich anstehende Aufgaben. Diese Ergebnisse werden bei den Koordinationstreffen zu einem Meilenstein zusammengefasst, der am Ende der Phase überprüft werden kann.

Zur Veranschaulichung der möglichen »Entwicklung« einzelner Phasen und Schritte dienen idealtypische Checklisten. Außerdem enthält jeder Phasenplan Hinweise auf Beispiel-Phasenpläne bisheriger Gemeinsinn-Werkstätten. Diese wiederum beschreiben nicht nur die ursprüngliche Motivation, Gestaltungsabsichten und Entwicklungsschritte des konkreten Beispiels, sondern geben zudem auch Hinweise auf Optimierungsmöglichkeiten und verweisen auf genutzte Verfahren, Unterlagen, Publikationen etc. (→ E813).

3.3.2 Aufgabenprofile

Orientierungshilfe für Aufgaben

»Aufgabenprofile« beschreiben Aufgaben und Rollen der Mitwirkenden von Beteiligungsprojekten und dienen als Orientierungshilfe. Im Kontext von Gemeinsinn-Werkstätten sind sie nicht als Anforderungskataloge, Berufsbilder oder rein technische Hinweise zu verstehen. Im Vordergrund stehen vielmehr Fragen nach der Motivation und den Bedürfnissen, Ideen und Ressourcen der Beteiligten, damit diese ihre Tätigkeiten in allen Phasen des Prozesses angemessen ausfüllen und koordinieren können.

Eine Gemeinsinn-Werkstatt kann sich nur in dem Maße entwickeln, in dem auch die Aufgabenteilung funktioniert. Die Anzahl der Mitwirkenden kann steigen, wenn die dafür organisatorischen und methodischen Rahmenbedingungen gegeben sind. Die Struktur der Aufgabenverteilung verläuft parallel zu den schrittweise verlaufenden Phasenplänen.

Aufgabenbereiche

Die Konkretisierung eines Themas setzt Entscheidungen voraus, Besprechungen erfordern Kommunikation, und das Festhalten der Ergebnisse benötigt eine Form der Dokumentation. Die Organisation schafft sich zunächst durch Finanzierung eine solide Ausgangsbasis für die Versorgung und Gestaltung ihrer Vorhaben. Zur Entwicklung geeigneter Methoden wird (externe) Beratung hinzugezogen und der Verlauf in größeren Prozessen und Gruppen durch Evaluation und Moderation unterstützt.

Die an Gemeinsinn-Werkstätten Mitwirkenden lassen sich folgendermaßen unterteilen und bezeichnen (vgl. Tabelle 2):

- auf inhaltlicher Ebene (Thema) als »Beteiligte«
- auf organisatorischer Ebene (Organisation) als »Betreuende«
- auf methodischer Ebene (Methode) als »Begleitende«

Abbildung 8: Parallellaufende Struktur der Aufgabenprofile

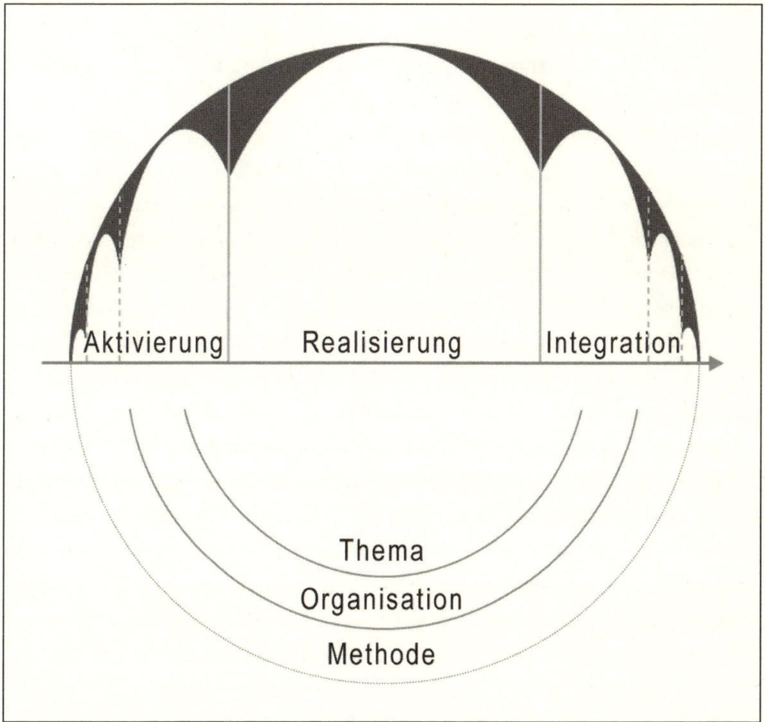

Diese Rollenverteilung dient zur besseren Orientierung und zur Reduktion von Komplexität innerhalb der Gemeinsinn-Werkstatt. Im Verlauf eines Verfahrens kann nämlich dieselbe Person auf unterschiedlichen Ebenen aktiv werden (Initiativ-, Projekt-, Veranstaltungs-, Einzelaktionsebene) und jeweils unterschiedliche Funktionen bzw. Rollen einnehmen. Zum Beispiel kann parallel die Interessenvertretung im Initiativkreis, die Koordination im Projektkreis, die Begleitung oder Betreuung im Veranstaltungskreis und die Beteiligung bei Aktionskreisen in Erwägung gezogen werden. Rollenwechsel sind nur durch eine bewusste Rollendefinition und die Klärung der damit verbundenen Spielräume, Aufgaben und Verantwortungsbereiche möglich. Aufgabenprofile wollen diesen Prozess konstruktiver Kommunikation, Kooperation und Koordination anregen (→ E723):

- *Thema – Beteiligte:* Im Zentrum des Gemeinsinnprozesses steht das gemeinsame Thema. Somit kommt Beteiligung als inhaltlicher Mitwirkung die größte Bedeutung zu. Beteiligen im partnerschaftlichen Sinne bedeutet nicht nur »teilnehmen«, sondern auch »teilgeben«, »teilhaben«, »Teil sein«, »aufteilen«, »verteilen« oder »Anteil nehmen«. Die am Prozess Beteiligten haben schwerpunktmäßig die inhaltlichen Anliegen der Gemeinsinn-Werkstatt im Blick und setzen die dafür erforderlichen Maßnahmen um. In ihren Verantwortungsbereich fallen die »Entscheidung, Kommunikation und Dokumentation« der Inhalte.
- *Methode – Begleitende:* Begleitende von Gemeinsinn-Werkstätten sind schwerpunktmäßig zuständig für die Beratung, Evaluation und Moderation von Gemeinsinn-Prozessen. Ihr auf Metaebene angesiedeltes Aufgabenfeld setzt methodische Kompetenz voraus. In Gemeinsinn-Werkstätten müssen nicht zwingend Externe für diese Aufgaben hinzugezogen werden: Es empfiehlt sich aber, für solche Begleitfunktionen Personen zu finden, die von den Beteiligten unabhängig sind. Die inhaltlich neutrale Funktion kann die Partnerschaftlichkeit des Prozesses unterstützen.
- *Organisation – Betreuende:* Betreuende sind zuständig für die Finanzierung, Versorgung und Gestaltung der Gemeinsinn-Werkstatt. Es sind in der Mehrzahl Beteiligte, die die Notwendigkeit sehen und Interesse haben, sich über die inhaltliche Beteiligung hinaus zu engagieren. Auch Sie könnten, ebenso wie die Begleitenden, extern hinzukommen. Doch nach dem Prinzip der Selbstorganisation empfiehlt es sich, eine Vielzahl von organisatorischen Aufgaben bei der Vor- und Nachbereitung von Veranstaltungen selbst zu übernehmen, um Kosten zu reduzieren und um Ressourcenaustausch und Beteiligungsprozesse anzuregen.

  Ausnahme ist die Zusammenstellung des Begleitteams während einer Veranstaltung, wenn beispielsweise extern Helfende und Mitarbeitende eine Veranstaltung methodisch und organisatorisch abwickeln, um die inhaltlich Beteiligten zu entlasten.

Tabelle 2: Aufgabenbereiche und Aufgabenfelder

Beteiligte	Betreuende	Begleitende
T30 Dokumentation	O30 Gestaltung	M30 Moderation
T20 Kommunikation	O20 Versorgung	M20 Evaluation
T10 Entscheidung	O10 Finanzierung	M10 Beratung
Thema	**Organisation**	**Methode**

Aufgabenfelder

Die Gliederung der Aufgabenbereiche in neun »Aufgabenfelder« gewährleistet, dass möglichst viele den Prozess der Gemeinsinn-Werkstatt eigenverantwortlich mitgestalten können. Üblicherweise bleibt die Arbeit immer an den Gleichen hängen, weil die anderen sich offenbar nicht genug auskennen oder sich nicht angesprochen fühlen. Um diese Hindernisse zu vermeiden, bietet die Gemeinsinn-Werkstatt mit den beschriebenen Aufgabenprofilen die erforderlichen Informationen zur Verteilung der Aufgaben nach einem eigenen Teammodell. Da die Aufgabenfelder zunächst frei zu besetzen sind, erleichtern sie den Interessierten auch die Entscheidung darüber, wie sie sich in das Projekt am sinnvollsten einbringen möchten. Hierzu ein kleiner Einblick in die »Basisaufträge« der Aufgabenfelder, die mit den Meilensteinen der Phasenpläne vergleichbar sind:

T10 Das Aufgabenfeld »Entscheidung« meint die Entwicklung sinnvoller Abstimmungs- und Leitungsformen, Verantwortungs- und Vertretungsstrukturen für die Gemeinschaft.

T20 Das Feld »Kommunikation« beschäftigt sich mit dem internen und externen Informationsfluss, dem geeigneten Medieneinsatz und der PR sowie mit Fragen der Einladung, der Transparenz und der Vermittlung von Ergebnissen.

T30 »Dokumentation« entwickelt sinnvolle Wege der internen Ergebnissicherung und des externen Ergebnistransfers mit unterschiedlichen Medien.

O10 Das Aufgabenfeld »Finanzierung« betreut die finanziellen und vertraglichen Vereinbarungen zur Absicherung einer Gemeinsinn-Werkstatt, bezieht dabei das Sozialkapital mit ein und zielt auf die Schaffung bleibender Werte.

O20 Das Feld »Versorgung« beschäftigt sich mit der Besorgung von Räumen, Materialien und Technik, mit Unterbringungs- und Ernährungsaspekten und bezieht dabei ergänzende Ressourcen mit ein.

O30 »Gestaltung« organisiert mithilfe freiwilligen Engagements ein wertschätzendes Umfeld mit angenehmer Atmosphäre, optionalen Möglichkeiten, variablen Raumelementen und ästhetisch gestalteten Materialien sowie einem kulturellen Rahmenprogramm bei Veranstaltungen.

M10 Das Aufgabenfeld »Beratung« unterstützt durch Verfahrenskompetenz die Prozessentwicklung mit Fokus auf Öffnung, Integration und Verselbstständigung sowie nachhaltige Vernetzung.

M20 Das Feld »Evaluation« hingegen möchte der Gemeinschaft ein wertschätzender Spiegel sein, ermöglicht Feedback über den Gesamtprozess und kann somit als Korrektiv und Entscheidungshilfe genutzt werden.

M30 »Moderation« schließlich gestaltet den Veranstaltungsrahmen mithilfe angemessener Methoden, um zur Verselbstständigung der Beteiligten und Förderung einer konstruktiven Arbeitsatmosphäre beizutragen.

Delegation

In zweckorientierten Strukturen werden Personen von übergeordneten Hierarchieebenen durch Delegation bevollmächtigt und beauftragt, Aufgaben zu übernehmen, die sie ohne ausdrückliche Vollmacht nicht selbstständig durchführen dürften.

Die Delegation bei partnerschaftlich und sinnorientiert arbeitenden Teams verläuft ebenfalls im Rahmen einer flachen Hierarchie, nur dass es sich hierbei um das Modell einer auf dem Kopf stehenden Pyramide handelt. Das Team beauftragt die Koordinatoren, auf einer tiefer liegenden Hierarchieebene ihre Interessen zu vertreten. Maßgebliches Kriterium für die Übergabe und Übernahme von Koordinationsfunktionen in Gemeinsinn-Werkstätten ist die Motivation der Mitwirkenden. Die Aufgaben werden an diejenigen übertragen, die am stärksten motitiviert sind.

Die Verantwortung wird dabei nach wie vor von der Gruppe mitgetragen, die sich rechtzeitig Strukturen der Entlastung und der Kommunikation in Krisenfällen überlegt. Die Übernahme einer »Koordinationsaufgabe« ist deshalb auf die Zusammenarbeit nicht nur angewiesen: Umgekehrt stützt und entlastet das zusammenarbeitende Team die Person, welche die Koordinierungsrolle für begrenzte Zeit innehat.

Beispiel Delegationswand
Ein bewährtes Instrument für eine motivationsbezogene Delegation von Aufgaben ist die »Delegationswand«. Hier werden sämtliche zu verteilenden Aufgaben auf einzelne Kärtchen geschrieben und zum Beispiel auf einer Pinnwand für alle Mitwirkenden zugänglich ausgehängt. Die Mitwirkenden können sich dadurch entsprechend ihrer Möglichkeiten (Motivation, Zeitrahmen etc.) überlegen, welche Aufgaben sie mit wem zu welchem Zeitpunkt übernehmen wollen, können und möchten (→ V001).

Es empfiehlt sich, bei der Delegation auf eine ausgewogene Aufgabenverteilung zu achten. Die Übernahme zu vieler Aufgaben durch Einzelne kann zur Überbelastung und zu Beeinträchtigungen des Gleichgewichts zwischen den Mitwirkenden führen. Besser ist es, Energien zu reservieren, beispielsweise für den Fall, dass Personen ausfallen, bestimmte Arbeitsanforderungen unterschätzt wurden oder ergänzende Maßnahmen kurzfristig entschieden und durchgeführt werden müssen.

Es hat sich eine Reihenfolge herauskristallisiert, nach der Delegation bei Gemeinsinn-Werkstätten idealerweise stattfinden kann:

1. Die Interessenebene fragt nach der Motivation der Delegierten (Wollen, Mögen, Können) sowie den gewünschten Rahmenbedingungen (Thema, Organisation, Methode) und möglichen Aufgabenoptionen (Aufgabe, Verantwortung und Zeit).
2. Die Beteiligungsebene fragt nach der Zielrichtung der Delegation (von wem, mit wem, für wen?), nach Verbindlichkeit (Interesse, Mitwirkung, Koordination) und Verantwortungshierarchie (Koordination, Co-Koordination, Vertretung, Assistenz, Hospitation) im entsprechenden Personenrahmen (Kreis, Gruppe oder Team).
3. Die Austauschebene fragt nach dem Ausgleich für die Delegation und nach der Art der Finanzierung (freiwillig, freiberuflich, hauptberuflich) bzw. alternativen Gegenleistungen (Mitarbeit, Kontaktvermittlung, Nutzung von Räumen, Geräten und Materialien etc.).

Eine wesentliche Bedeutung kommt dabei dem Informationsfluss zwischen den Beteiligten zu. Je klarer und transparenter die Delegation abgesprochen ist, umso nachvollziehbarer ist die Aufgaben- und Rollenverteilung der Beteiligten nach innen und außen (→ E724, E826).

3.3.3 Bausteine

Baustein-Übersicht

Der Methoden-»Baukasten der Gemeinsinn-Werkstatt« besteht aus einer Vielzahl von Baukastenelementen, die Teilaspekte der Prozessgestaltung beschreiben und den drei Dimensionen der Gemeinsinn-Werkstatt zugeordnet sind:

- Gemeinsinn-Grundlagen: »Essenz-Informationen«
- Projektverfahren: »Phasenpläne, Aufgabenprofile, Bausteine«
- Begleitnetzwerk: »Netzwerk-Informationen«.

Der Bereich der »Bausteine« besteht aus Materialien, die als Anregungen zur Erweiterung des eigenen Spektrums an Fähigkeiten gedacht sind. Bausteine bieten mit ihrem transparenten Aufbau Fachleuten und Laien gleichermaßen das für die Umsetzung von Gemeinsinn-Projekten erforderliche Methodenwissen und Hintergrundinformationen.

Das flexible und vielgestaltige Methodenrepertoire ermöglicht den Einsatz bei Gemeinsinn-Werkstätten mit unterschiedlichen thematischen, organisatorischen sowie personellen Bedingungen. Es erlaubt den Beteiligten, je nach Entscheidung und Ressourcen konkrete Schritte zu planen und dabei die sowohl für den Gesamtkontext als auch für einzelne Detailprozesse erforderlichen Methodenelemente zusammenzustellen.

Aufbau

Die »Bausteine« sind nach folgendem Gliederungsprinzip geordnet:

- Was ist Inhalt dieses Bausteins? Um was geht es? Wofür ist er gedacht? (Beschreibung, Ziele, Kontext)
- Wer wird dadurch angesprochen? Wer steht dahinter? Was wird benötigt? (Zielgruppen, Initiatoren, Ressourcen)
- Wie wird er eingesetzt? Was ist optimierbar? Inwieweit ist er einmalig? (Details, Varianten, Besonderheiten)

Als weitere Orientierungshilfe dient die Zuordnung der Bausteine nach Phasenplänen, Aufgabenbereichen, Gruppengröße, Zeitrahmen und Komplexität.

Die Bausteine sind bislang in sechs Modulen mit folgenden Inhalten zusammengefasst:

Abbildung 9: Bausteine im Überblick

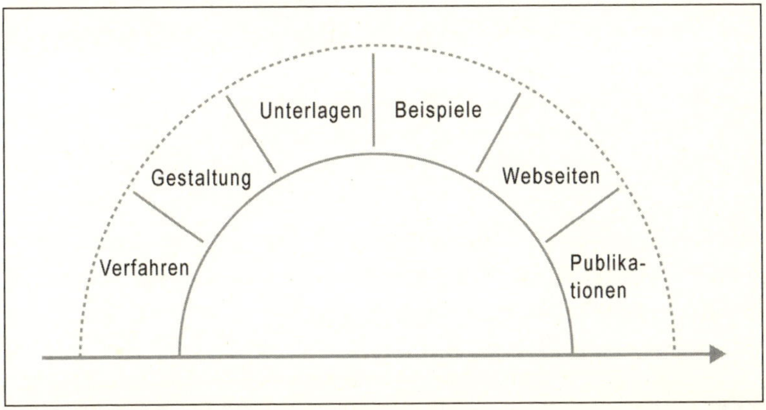

- »Verfahrens-Bausteine« beinhalten Methoden, Materialien, Abläufe und Hinweise zur personellen Besetzung, um ein Verfahren vorbereiten, durchführen und nachbereiten zu können. Dabei wird insbesondere Begleitenden und Betreuenden bei der Gestaltung des organisatorischen und methodischen Ablaufs geholfen.
- »Gestaltungs-Bausteine« beschreiben die zur Durchführung von Veranstaltungen erforderlichen Räume und Raumelemente, Materialien und Herstellungsprozesse. Sie sind hauptsächlich für die Betreuenden von Veranstaltungsgruppen gedacht und bieten alle wesentlichen Informationen zur Bestellung von Materialien sowie zur Produktion und zum Einsatz der Elemente.
- Die »Unterlagen-Bausteine« setzen sich aus einer Vielzahl vorgefertigter Dateien zusammen, auf die in anderen Bausteinen hingewiesen wird; diese Dateien beinhalten etwa Checklisten, Fragebögen, Tabellen, Formulare, Handouts und Folien für Beteiligte, Betreuende und Begleitende.
- »Beispiel-Bausteine« sind Kurzinformationen über abgeschlossene bzw. noch laufende Prozesse und Projektvorhaben für Beteiligte, Betreuende und Begleitende. Diese Bausteine dienen der kurzen Darstellung von Arbeitsergebnissen und damit zur Anregung weiterer Gemeinsinn-Werkstätten. Zur Vertiefung des Detailwissens stehen bereits die Beispielphasenpläne zur Verfügung.

- Die Beschreibungen durch »Webseiten-Bausteine« geben nur einen groben Überblick über die angebotenen Informationen und Downloads, Bezugsquellen und Foren, Netzwerke und Kontaktmöglichkeiten speziell für Betreuende und Begleitende. Ein Link führt auf Wunsch direkt ins Internet.
- »Publikations-Bausteine« erläutern Literatur, Veröffentlichungen, Filme und Medien aller Art für Begleitende wie Betreuende. Sie bieten Medienhinweise, die für Beteiligungsprozesse hilfreich sind, den Hintergrund der Gemeinsinn-Werkstatt besser veranschaulichen (Theorie) oder auf Aspekte der Anwendung verweisen (Praxis).

Einsatzmöglichkeiten

Das Internet stellt die aktuellen Materialien des Gemeinsinn-Werkstatt-Baukastens allen zur Verfügung, die Beteiligungsprozesse nach dem System der Gemeinsinn-Werkstatt planen und durchführen möchten.

Mittels eines interessenspezifischen Zugangs und einer gut strukturierten Suchfunktion kann der Nutzende schnell und mühelos zu den relevanten Informationen vordringen (vgl. Kapitel 6.1, → E61). Folgende schrittweise Anwendung des Baukastens hat sich bewährt:

1. *Meilensteine für zeitliche Entwicklung festlegen:* Als erstes verschaffen sich die Mitwirkenden mithilfe der Motivationsabfrage des Phasenplans einen Überblick über die Ziele, Anliegen und Ressourcen des Prozesses. Die Checklistenfunktion des Phasenplans hilft, entsprechende Meilensteine im Konsensverfahren abzuleiten.
2. *Aufgabenprofile für Arbeitsteilung nutzen:* Die kurze Darstellung und Erläuterung der Aufgabenfelder machen deutlich, wie die Mitwirkenden die Arbeiten auf mehrere Schultern verteilen können. Die Beteiligten sind zunächst eingeladen, sich dem eigenen Interesse nach zuzuordnen, in die jeweiligen Tätigkeitsfelder einzubringen und abzusprechen. Anschließend können die Verantwortlichen weitere Partner und Mitarbeiter ansprechen, um Unterstützung für ihre Aktionen zu erhalten.
3. *Bausteine zur Anregung und Konkretisierung einsetzen:* Die konkrete Planung einzelner Aktionen kann dann auf die unterschiedlichen Verfahren, Unterlagen und hilfreichen Hinweise zurückgreifen, die Experten im Baukasten beigesteuert haben. Diese Materialien können die Planung der Gemeinsinn-Werkstatt bereichern.

Auch wenn Bausteine von Grundinformationen (kurzen Hinweisen oder Weiterleitungen auf spannende Bücher, Internetseiten etc.) bis zu differenzierten Handlungsanweisungen (Moderation von Verfahren, Antragstellung etc.) ein breites Spektrum bieten, so ist es mit den Materialien allein noch nicht getan. Letztlich wird vieles erst in der Anschauung und im praktischen Erleben deutlich und nachvollziehbar.

> Erst wenn ein Verfahren gekonnt durchgeführt wird, wenn die Bausteine gut aufeinander abgestimmt sind und das Gesamtgebilde die Grundidee des Baumeisters widerspiegelt, entfaltet es eine besondere Qualität und Wirkung auf die Beteiligten.

Die Materialien werden deshalb so offenherzig weitergegeben, da aus Gemeinsinn-Sicht jeder Mitwirkende selbst einschätzen kann, was er allein leisten kann und wo er Unterstützung braucht, inwieweit er sich überraschen lässt und wo er mitreden möchte.

Kolleginnen und Kollegen des Begleitnetzwerks der Gemeinsinn-Werkstatt stehen dabei gerne für vertiefende Fragestellungen und Informationen, als Quelle der Inspiration oder Begleitung und als Trainer bei Bildungsprozessen zur Verfügung.

4 Das Begleitnetzwerk: Infrastruktur der Gemeinsinn-Werkstatt

Das Begleitnetzwerk stellt neben den Gemeinsinn-Grundlagen und dem Projektverfahren das dritte wesentliche Element des Gesamtkonzeptes dar: die Menschen und Institutionen, die Gemeinsinn-Werkstätten begleiten. Dieses Kapitel beschreibt:

- die Formen der Vernetzung und das »erfolgreiche Arbeiten in Gemeinsinn-Netzwerken« (→ E41), wozu auch das Begleitnetzwerk zählt;
- die »Entwicklung des Begleitnetzwerks als Beispiel« für Gemeinsinn-Netzwerke, die sich aus Gemeinsinn-Werkstätten entwickeln (→ E42); und
- die »drei Schwerpunkte der Arbeit des Begleitnetzwerks« (→ E43).

4.1 Erfolgreiches Arbeiten in Gemeinsinn-Netzwerken

Leitfragen dieses Unterkapitels sind:

- Wodurch unterscheiden sich Gemeinsinn-Netzwerke und das Begleitnetzwerk von anderen sozialen Netzen?
- Auf welche Weise werden die unterschiedlichen Hintergründe der an Gemeinsinn-Netzwerken Mitwirkenden berücksichtigt?
- Welche Funktion haben Projekte in bestehenden sozialen Netzwerken?

4.1.1 Zwischen sozialem Netz und Begleitnetzwerk

Struktur sozialer Netzwerke

Vernetzung mit anderen gehört zum Alltag jedes Menschen. Soziale Netze entstehen und vergehen. Nicht ein soziales Netz trägt und verbindet Menschen, sondern mehrere. Als Überbegriff verstanden, lassen sich dem sozialen Netz weitere Begriffe zuordnen: »Kreise« bzw. »Runden« (Personen, auf die sich etwas erstreckt oder bezieht), »Gruppen« (eine kleinere Anzahl von zufällig zusammengekommenen bzw. auf Grund von Gemeinsamkeiten zusammengehörenden Personen oder Dingen), »Gemeinschaften« (Gruppen von Personen, die durch gemeinsame Anschauungen o.Ä. untereinander verbunden sind) und »Familien« (Gruppen aller miteinander blutsverwandten Personen; Sippe) (vgl. Duden 1997).

Die Zugehörigkeit zu unterschiedlichen sozialen Netzen erweitert die Wahlfreiheit, kann aber bei unterschiedlichen Wertvorstellungen und Erwartungen zu äußeren und inneren Konflikten führen. Der Einzelne gehört sozialen Netzen nicht nur an und wird darin sozialisiert, er kann sie auch gestalten und neue schaffen. Im Zuge von Austausch und Auseinandersetzung wird einerseits das eigene Ich gebildet, andererseits trägt jeder Einzelne selbst zur Bildung seiner sozialen Netze (»Wir«) bei. Wenn Bildung und Entwicklung nicht einseitig verstanden werden, können Lernende wie Lehrende, Individuum wie Gesellschaft gleichermaßen davon profitieren.

Sobald soziale Netze zielgerichtet auf ein bestimmtes Thema oder Anliegen hin zusammenarbeiten, kann von »sozialen Netzwerken« (Netze autonomer, durch gemeinsame Werte oder Interessen verbundener Gruppen oder Personen) gesprochen werden, die mit zunehmender Verbindlichkeit und steigender Institutionalisierung, unterschiedlichen Rechtsformen und Wirkungskreisen beispielsweise als Teams, Verbände, Organisationen, Unternehmen oder Institutionen bezeichnet werden können.

> Der Begriff des Netzwerks wird häufig als Synonym für offenere und flexiblere Strukturen benutzt, während Institutionen Geschlossenheit, Stabilität und Langfristigkeit symbolisieren.

Flexible Beziehungsformen gewinnen an Attraktivität, da sie unterschiedlichen Menschen und Institutionen die Möglichkeit bieten, Kontakte aufzubauen, Informationen, Know-how und Ressourcen auszutauschen, Spielräume zur Mitgestaltung, Kooperation und Synergie zu entwickeln sowie Lernprozesse und auch innovative Entwicklungen wahrzunehmen.

Kultur sozialer Netzwerke

Der Zusammenhalt innerhalb eines Netzwerks und die Unterstützung auf instrumenteller, kognitiver, emotionaler und Identität stiftender Ebene steigen mit der Anzahl ähnlicher oder sich annähernder Wertvorstellungen, größerer Vernetzungsdichte und -intensität der Beteiligten (Keupp/Röhrle 1987: 31 f.).

Dieses Phänomen hat jedoch nichts mit der Offenheit oder Geschlossenheit eines Netzwerks zu tun. Institutionen können durchaus Leitbilder entwickeln und einen Wertekanon postulieren. Werden sie aber nicht durch lebendige Vernetzung belebt und regelmäßig angepasst, kann Erstarrung eintreten; der aktive Zusammenhalt und die gegenseitige Unterstützung geht verloren.

> Gemeinsinn benötigt also die Lebendigkeit des Zusammenwirkens von Menschen. Die Kultur aktiver Vernetzung und wertschätzenden Umgangs ist zentraler Bestandteil von Gemeinsinn-Netzwerken und kann auch Institutionen beleben und lebenswerter machen.

Strategie sozialer Netzwerke

Die Zielsetzung, das Leitbild und die strategische Haltung eines Netzwerks tragen wesentlich zum Selbstverständnis und zur Handlungsweise der Mitwirkenden bei. Kommt das Prinzip eines Spinnennetzes, Fischernetzes oder elektronischen Schaltwerks (allesamt Synonyme für Netze) zu stark zum Tragen, können negative Begleiterscheinungen (Vereinnahmung, Einengung, Widerstände) eintreten, die bereits anhand der Negativbeispiele zweckorientierten Handelns beschrieben wurden (Kapitel 2.1.2, → E212).

Als »natürliche Feinde« einer offenen, sinnorientierten Vernetzung gelten allgemein Organisationsstrukturen, die überwiegend von Hierarchie und Bürokratie, Zeitdruck, Macht- und Intrigenspielen, Selbstbedienungsmentalitäten, Konkurrenzkämpfen und Abgeschlossenheit geprägt sind und keine neuen Impulse oder weiteren Partner mehr zulassen (Endres 2001).

> Bei sozialen Netzwerken können die »strategische Ausrichtung« (Thema), die »strukturellen Rahmenbedingungen« (Organisation) und die »Kultur des Umgangs« (Methode) unterschieden und entwickelt werden.

Erfolgsbausteine sozialer Netzwerke

Eine im Rahmen eines industriepolitischen Projekts bei Unternehmern durchgeführte Umfrage (Endres 2001) ergab, dass im Wesentlichen sieben subjektive Erfolgsbausteine die Entwicklung von offenen, partnerschaftlich strukturierten Netzwerken maßgeblich beeinflussen:

– *gemeinsame Ziele und Visionen*: Einvernehmen über die Ziele und nach

Möglichkeit auch Identifikation mit den Visionen der Netzwerk-Beteiligten (Moderation durch Dritte empfohlen)

- *Bereitschaft und Fähigkeit zum Perspektivenwechsel*: Kompetenz, sich in andere Kooperationspartner hineinversetzen zu können
- *sich auf Neues einlassen*: Bereitschaft, auf Ungewohntes und Riskantes einzugehen, auch wenn der Nutzen zunächst nicht vorauszusehen ist
- *gegenseitiges Vertrauen*: Vertrauensverhältnis im Sinne gegenseitiger Berechenbarkeit zwischen den Kooperationspartnern
- *Gewinner-Prinzip*: Gewinne der Kooperationspartner halten sich die Waage – entsteht der Eindruck, dass die Partner in erster Linie auf ihren eigenen Gewinn bedacht sind, besteht die Gefahr des Rückzugs
- *gemeinsame Kommunikation*: Vermeidung von Missverständnissen durch direkte Kommunikationswege, gleiche Sprache und klare Terminologie
- *regelmäßige Kontaktpflege*: kontinuierlicher Austausch, auch jenseits von Alltags- und Sachfragen

Gemeinsinn-Netzwerke

Gemeinsinn-Werkstätten schaffen Raum für die oben skizzierte Art der offenen sozialen Vernetzung und wollen darüber hinaus die nachhaltige Entwicklung von Gemeinsinn-Netzwerken in Gang bringen.

Auf der Ebene der »strategischen Ausrichtung« hat jedes Gemeinsinn-Netzwerk sein eigenes brennendes Anliegen, unabhängig davon, ob es das allgemeine Thema der Gemeinsinn-Werkstatt oder das spezielle Thema einer einzelnen Aktionsgruppe ist. Die Verteilung von Verantwortung und Aufgaben orientiert sich am Wohle aller und ist partnerschaftlich organisiert.

In Bezug auf die »Kultur des Umgangs« organisieren die Beteiligten die Art und Dauer ihres Engagements selbst und achten dabei auch auf Wertschätzung, selbstbestimmte Motivation und Freiwilligkeit der anderen. Für die Dauer des Projektverfahrens erhalten sie die Chance, Umgangsformen und Arbeitsmethoden kennen zu lernen, die ihnen helfen können, langfristig Kontakte zu halten und als Gemeinsinn-Netzwerk zusammenzuarbeiten.

Jedes Gemeinsinn-Netzwerk entwickelt seine »strukturellen Rahmenbedingungen« selbst. Dabei können Eigen- oder Fördermittel, Ressourcen beteiligter Institutionen oder Fähigkeiten der Mitwirkenden durch das Unterstützungsangebot des Begleitnetzwerks ergänzt werden.

Durch die Vernetzung während einer Gemeinsinn-Werkstatt können Beziehungen entstehen, die über das Projekt hinaus anhalten. Die Gemeinsinn-Werkstatt schafft damit nachhaltige Ergebnisse nicht nur in Hinblick auf das Thema, sondern auch in Bezug auf die Beziehung zwischen Menschen und Institutionen. Ob das Thema auch weiterhin trägt oder ein artverwandtes neues Thema ins Zentrum der Zusammenarbeit rückt, bleibt der Strategie, Struktur und Kultur der Beteiligten überlassen.

Begleitnetzwerk

Das soziale Netzwerk aus Begleitenden von Gemeinsinn-Werkstätten stellt selbst ein Gemeinsinn-Netzwerk dar, mit dem besonderen Blickwinkel darauf, »geeignete Methoden, Mitwirkende und Mittel zu finden, um Gemeinsinn zu fördern« (Strategie). Die Vernetzung im deutschsprachigen Raum zwischen Menschen und Institutionen hat gerade erst angefangen und ist vielfach ausbaufähig (Struktur). Die Entwicklung des Begleitnetzwerks organisiert sich über interne wie externe Austausch-, Vernetzungs- und Qualifizierungsformen (Kultur). Mehr dazu findet sich in den anschließenden Unterkapiteln 4.2 und 4.3 (→ E42, E43).

4.1.2 Vernetzung freiwilligen Engagements

Menschen und Institutionen als Partner

In diesem Abschnitt wird die Vernetzung unterschiedlicher Formen freiwilligen Engagements genauer beleuchtet. In Gemeinsinn-Werkstätten kommen Menschen aus unterschiedlichen Bereichen zusammen, um gemeinsam für ein brennendes Anliegen nachhaltige Lösungen zu gestalten.

Beispiel Stadtteilentwicklung
Das Beispiel (Kapitel 3.2.2, → E322) veranschaulicht die Gründe für eine Mitwirkung unter völlig unterschiedlichen persönlichen Konstellationen:

- »Ehrenamtliche« (z. B. die Bäckerin, der Friseur oder der Frauenarbeitskreis) zeigen von sich aus Interesse an einer Beteiligung und warten nur auf den passenden Anlass.
- »Offizielle Vertreter« von Institutionen (z. B. Stadträtin oder der Schuldirektor) möchten Kraft ihres Amtes, ihres Mandats oder ihrer beruflichen Funktion etwas bewirken.
- »Inoffizielle Mitarbeiter« von Institutionen, die dem Thema nahe

stehen (z. B. Postbote oder die Schülersprecherin), sind zur Mitwirkung bereit, agieren jedoch nicht als Vertretung ihrer Institution oder Gruppe.
- »Selbstständige«, die als Unternehmende und Dienstleistende professionelle Unterstützung zum Thema und zur Organisation anbieten (z. B. Gastwirt oder Kopierladen-Besitzer), sind auf eine Gegenfinanzierung ihrer haupt- oder nebenberuflichen Tätigkeit angewiesen.

Alle oben aufgeführten Personen und Institutionen thematisieren ihre Erfahrungen und wollen sich dafür inhaltlich und/oder organisatorisch engagieren und ihre Potenziale einbringen. Parallel dazu ist methodisches Wissen vonnöten, um den Prozess in Gang zu bringen, am Laufen zu halten und zu einem für alle befriedigenden Ergebnis zu führen. Unterschiedliche persönliche Konstellationen, die auf der thematisch-organisatorischen Seite anzutreffen sind, finden sich auch bei der methodischen Begleitung.

Beispiel Stadtteilentwicklung
- »Ehrenamtliche« (z. B. assistierende Schüler oder Sozialpädagogen), die entweder neue Methoden kennen lernen und Erfahrungen sammeln oder eigenes Verfahrenswissen weitergeben wollen
- »offizielle Vertreter« von Institutionen (z. B. beratender Quartiermanager oder Berater einer PR-Agentur), deren Mitwirkung dem Arbeitsauftrag entspricht oder die die eigene Firma als Erfahrungsträger in Sachen Methodenkompetenz weiterempfiehlt
- »Inoffizielle Mitarbeiter« von Institutionen, die finanziell gesichert sind (z. B. Universitätsmitarbeiter für die Evaluation), die in Verfahrensfragen aktiv sein und vor Ort Erfahrungen sammeln wollen, ohne Entgelt zu verlangen oder im Namen ihrer Einrichtung zu agieren
- »Selbstständige« (z. B. Moderatorin der Großgruppenforen oder Student für Webbegleitung), die von dieser Tätigkeit als Beruf oder Nebentätigkeit leben

Zum freiwilligen Engagement sind sowohl Personen als auch institutionelle Kooperationspartner eingeladen. Die Beteiligung von Institutionen ist nicht nur für die Beschaffung von Ressourcen wichtig, sie hilft auch beim Aufbau von Kontakten und bei der nachhaltigen Bearbeitung von Themen.

Tabelle 3: Gemeinsinn-Netzwerk am Beispiel Stadtteilentwicklung

Kontext	**von Institutionen**		**von Personen**	
	offizielle Vertreter	inoffizielle Mitarbeiter	Ehrenamtliche	Selbstständige
Interesse: inhaltlich/ organisatorisch	z. B. Stadträtin, Schuldirektor	z. B. Postbote, Schülersprecherin	z. B. Bäckerin, Friseur, Frauenarbeitskreis	z. B. Gastwirt, Kopierladen-Besitzer
	Gemeinsinn-Netzwerk auf Projektdauer			
Interesse: methodisch	z. B. beratender Quartiermanager	z. B. Uni-Mitarbeiter für Evaluation	z. B. assistierende Schüler und Sozialpädagoge	z. B. Moderatorin, Student für Wegbegleitung

Drei Arten von Gemeinsinn-Netzwerken

Im Verlauf einer Gemeinsinn-Werkstatt entsteht ein »Gemeinsinn-Netzwerk«, das zunächst »auf Projektdauer« angelegt ist. Innerhalb dieser Kontaktmöglichkeiten entwickeln sich aus den verschiedenen Basis- und Einzelaktionen Gemeinsinn-Netzwerke, die sich inhaltlich oder organisatorisch fokussieren und auch »über das Projektverfahren der Gemeinsinn-Werkstatt hinaus« Beziehungen pflegen und weiter wachsen können.

Auf methodischer Ebene entwickeln sich Erfahrungen und Kontakte unter den Begleitenden und unterstützen das Wachstum des »Begleitnetzwerks«. Durch Austausch, Vernetzung und Qualifizierung baut dieses spezielle Gemeinsinn-Netzwerk intern methodische Erfahrungen weiter aus und stellt sie gleichzeitig extern Interessierten zur Verfügung.

Mobilisierung freiwilligen Engagements

Es ist relativ einfach, inhaltlich-organisatorische und methodische Erfahrungsträger und Ressourcenpotenziale zu finden. Ihre Bereitschaft zur Beteiligung am Prozess hängt von der Attraktivität des Themas und der individuellen Interessenlage ab. Mitunter bedarf es Fantasie und Überzeugungskraft, qualifizierte Experten einzubinden und die dafür erforderlichen Finanzen aufzutreiben.

Zur Ermittlung des Bedarfs an bezahlenden, bezahlten und unbezahlten Mitwirkenden empfiehlt sich eine Kosten-Nutzen-Rechnung, die nicht nur die finanziellen Aspekte berücksichtigt, sondern auch den immateriellen Gegenwert und Mehrwert, der durch neue Kontakte, persönliche Erfahrungen oder institutionellen Imagegewinn entsteht.

Tabelle 4: Die Entwicklung von Gemeinsinn-Netzwerken

Kontext und Ausgangslage Mitwirkender	**von Institutionen**	**von Personen**	**Ergebnisse über die Gemeinsinn-Werkstatt hinaus**
Beteiligte und Betreuende mit Ressourcenpotenzial zu Thema und Organisation	Interessierte, Mitwirkende und Koordinierende der aktuellen Gemeinsinn-Werkstatt		gewachsene *Gemeinsinn-Netzwerke* (Kontakte, Erfahrungen, Projektergebnisse)
	in Selbstorganisation nachgefragte und erbrachte Leistungen		
	Gemeinsinn-Netzwerk auf Projektdauer		
Begleitende mit Ressourcenpotenzial zu Methoden	Leistungsangebote: Austausch, Vernetzung, Qualifizierung		gewachsenes *Begleitnetzwerk* (Kontakte, Erfahrungen, Verfahrensentwicklung)
	Interessierte, Mitwirkende und Koordinierende des aktuellen Begleitnetzwerks		

Es ist mitunter nicht einfach, bei der Besetzung von Projektrollen eine ausgewogene Mischung zu erreichen. Das in Tabelle 4 dargestellte Schema kann dazu beitragen, schneller einen Überblick über die Hintergründe des freiwilligen Engagements zu bekommen. Es verdeutlicht, warum die Leistung mancher Personen finanziell vergütet wird, die anderer dagegen nicht. Deshalb legen Gemeinsinn-Netzwerke großen Wert auf Rollenklärung und Transparenz. Nur wenn alle bereit sind, die unterschiedlichen Formen des freiwilligen Engagements zu differenzieren, zu akzeptieren und den eigenen Gewinn sich selbst und anderen darzustellen, ist eine verlässliche Zusammenarbeit ohne Verlierer gewährleistet.

Wichtiger als der finanzielle Faktor ist bei Gemeinsinn-Werkstätten das Bewusstsein, dass jede Person, die sich engagiert, für die Dauer des Projektes

»Teil eines Netzwerks« ist. Wer im Netzwerk bestimmte Funktionen und Rollen übernimmt, repräsentiert einen »Knotenpunkt«, der mit anderen, aber nicht allen Knoten in Verbindung steht bzw. bei Bedarf mit allen Verbindung aufnehmen kann. Der Netzwerk-Gedanke schafft Rückhalt und gibt Sicherheit bei der Suche nach Unterstützung, beim Aufbau von Kontakten und beim Auftreten nach außen.

Doch in welchem Verhältnis stehen Personen und Institutionen? Wie gelingt ein partnerschaftliches Zusammenspiel unterschiedlicher Hierarchien, Gruppen und Aufgabenfelder? Wie können Personen in Gemeinsinn-Werkstätten neu hinzukommen, in der Ausübung ihre Rolle wechseln oder auch wieder ausscheiden, ohne die Zusammenarbeit darunter leiden zu lassen?

Abbildung 10: Gemeinsinn-Netzwerk-Ebenen

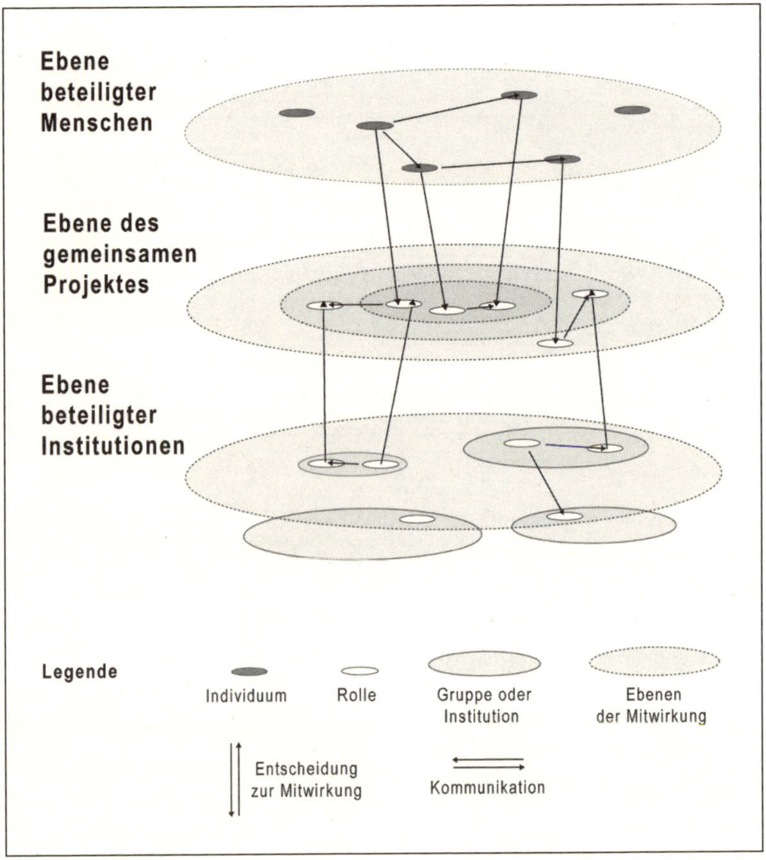

4.1.3 Projektnetzwerk und Netzwerk-Projekte

Gemeinsinn-Netzwerk-Ebenen

Eine Besonderheit von Gemeinsinn-Netzwerken ist die Schaffung einer sozialen Ebene, auf der mittelfristiges Engagement freiwillig möglich ist: die »Ebene des gemeinsamen Projektes«, der so genannte »Beteiligungsraum« (vgl. Kapitel 1.3.1, → E131) für intrinsisch motivierte, selbstbestimmte, sinnorientierte Vernetzung:

Beteiligung an Gemeinsinn-Netzwerken kann auf drei sozialen Ebenen stattfinden (vgl. Abbildung 10).

- Auf der »Ebene beteiligter Menschen« bringen die Mitwirkenden ihre Fähigkeiten, Bedürfnisse und Visionen eigenmotiviert ein (Können, Mögen, Wollen) und lernen sich persönlich kennen und schätzen.
- Auf der »Ebene beteiligter Institutionen« nehmen die Mitwirkenden im privaten wie beruflichen Alltag Rollen in unterschiedlichen sozialen Netzen und Netzwerken ein, mit denen Erwartungshaltungen (Müssen, Dürfen, Sollen) verbunden sein können.
- Auf der »Ebene des gemeinsamen Projektes« bringen die Mitwirkenden ihre Erfahrungen und Ressourcen aus den beiden anderen Ebenen ein und übernehmen je nach Motivation für eine begrenzte Zeit Tätigkeiten und Funktionen als Interessierte, Mitwirkende und Koordinierende des Projektes. Hierfür sind freiwilliges Engagement und partnerschaftliche Kommunikation erforderlich.

> Indem die Gemeinsinn-Werkstatt die sozialen Ebenen bewusst miteinander verknüpft, profitiert sie von den Kontakten und Ressourcen aller drei Ebenen. Auf der Projektebene bleibt es den Einzelnen wie den Institutionen überlassen, ob sie sich stärker thematisch, organisatorisch oder methodisch engagieren oder für welchen Zeitraum sie sich mit welchen Mitteln beteiligen wollen.

Bisherige Gemeinsinn-Projekte haben bestätigt, dass diese Dreiteilung zur Rollenklärung beiträgt. Mit ihrer Hilfe lassen sich Rollenkonflikte, Motivationsschwächen und Defizite bei persönlichen und institutionellen Zuständigkeiten identifizieren und regeln.

Projektebene im bestehenden Netzwerk

Was für den Verlauf einer mittelfristigen Gemeinsinn-Werkstatt gilt, kann auch im Rahmen eines längerfristig verlaufenden Netzwerk-Prozesses hilfreich sein: die Projektebene als Beteiligungsraum. Soziale Netzwerke, auch wenn sie als Institutionen bereits eine Strategie, Struktur und Kultur entwickelt haben, können die Projektebene nutzen, um für bestimmte Anliegen gruppenübergreifend freiwilliges Engagement zu fördern.

Die Belebung durch strukturübergreifende Maßnahmen wird bereits von vielen Organisationsberatern und Managern erkannt und beispielsweise durch Großgruppenveranstaltungen realisiert. Die Projektform hilft jedoch, darüber hinaus eine wertschätzende Kultur der Zusammenarbeit zu entwickeln, informelle Netzwerke zu etablieren und damit die Vernetzungsdichte innerhalb und außerhalb der Institution zu erhöhen.

Deshalb lohnt es sich, Kooperationen mit anderen Institutionen einzugehen oder Partner von außen einzubeziehen (externe Vernetzung). Manchmal reichen aber auch Unterschiede der im Netzwerk Beteiligten aus, um voneinander zu lernen und sich in der Zusammenarbeit zu ergänzen (interne Vernetzung).

Entwicklung von Gemeinsinn-Netzwerken

Beispiel Universität Augsburg

Von Dezember 2001 bis April 2003 wurde auf dem Campus der Universität Augsburg eine Gemeinsinn-Werkstatt durchgeführt. Die Inhaberin des Lehrstuhls für Pädagogik interessierte sich für das neue Großgruppenverfahren und sah darin die Chance, die Zusammenarbeit innerhalb der Universität zwischen den unterschiedlichen Interessengruppen zu verbessern.

Nach der Beratung durch Mitwirkende des Begleitnetzwerks lud sie in der Folgezeit Vertreter von Rektorat, Lehrpersonal, Verwaltung und Studierenden zu einem Initiativkreis ein. In Planungsrunden einigten sich die Beteiligten auf den Projekttitel »Augsburger Frühling: Potenziale entdecken – Profil entwickeln«, erstellten Plakate und Einladungen und vereinbarten die Koordination des Projektes.

Im Mai 2002 kamen rund 70 Interessierte aus allen Bereichen der Universität drei Tage lang zum Aktivierungsforum in der umgestalte-

ten Mensa. Hier entstanden Kontakte zwischen den unterschiedlichen Fachbereichen und Hierarchien. Auch der Wunsch nach Optimierung des gemeinsamen Alltags wurde deutlich.
Bereits in der Vorbereitungsphase beteiligten sich Personen aus den unterschiedlichsten Bereichen derart engagiert an der Vernetzungsarbeit, dass das Projekt nach und nach in der gesamten Universität Aufmerksamkeit erregte. Die Beteiligten entwickelten gruppenübergreifende Basis- und Einzelaktionen und setzten diese um. Nachdem sie auch institutionelle Hürden wie Genehmigungen, finanzielle Zusagen oder innenpolitische Vorbehalte erfolgreich gemeistert hatten, wurde allmählich der Mehrwert der Zusammenarbeit im Netzwerk sichtbar: Die Ideen der Professoren und Studierenden fanden breite Akzeptanz, die Beteiligten konnten über diesen Anlass interessante Kontakte aufbauen und konkrete Aktionen umsetzen.
Parallel kümmerte sich die Projektgruppe um Öffentlichkeitsarbeit und um die Dokumentation und Evaluation der Ergebnisse. Diese erwiesen sich beim sechs Monate später stattfindenden Integrationsforum als wichtiger Anknüpfungspunkt. Die Beteiligten reflektierten den Projektzeitraum und stellten 12 umgesetzte Projektideen vor, die von der gemeinsamen Verschönerung der Uni-Cafeteria über ein Internet-Projekt für Lehrer gegen Rechtsextremismus bis hin zur Einführung eines neuen Studienzweiges reichten. Ein Abschlussgespräch des Initiativkreises ein halbes Jahr nach Ablauf des Projektes ergab, dass viele der Aktionen nach wie vor aktuell waren und weitere Aktivitäten geplant wurden (→ B003).
Mithilfe der Gemeinsinn-Werkstatt gelang es nicht nur, mittelfristig Ergebnisse zu erzielen, sondern auch, ein informelles Gemeinsinn-Netzwerk zwischen den Hierarchien der Uni zu entwickeln, das bis heute die Zusammenarbeit in der Hochschule fördert. Außerdem entstehen weiterhin kleine und größere Projekte, die auf den Erfahrungen und Kontakten der Gemeinsinn-Werkstatt aufbauen.

Wirkung von Gemeinsinn-Netzwerken auf das Begleitnetzwerk

Die Zusammenarbeit der an der Augsburger Gemeinsinn-Werkstatt Beteiligten mit den Kollegen aus dem Begleitnetzwerk bereicherte die Weiterentwicklung des Verfahrens. Bis dahin erarbeitete Materialien und Ansätze bewährten sich und zeigten das Potenzial der Gemeinsinn-Werkstatt auf. Gleichzeitig machte die abschließende Evaluation die Schwachstellen des Methodenrepertoires deutlich und wies auf Aspekte hin, die einer weiteren Ausarbeitung bedurften.

Die Evaluation war sogar Auslöser für einen entscheidenden Richtungswechsel der Gemeinsinn-Werkstatt vom Moderations- zum Projektverfahren. In der Folgezeit wurde im Kreis des Begleitnetzwerks die weitere Entwicklungsarbeit vorangetrieben, bis letztlich das detaillierte Verfahren auch nach außen darstellbar und vermittelbar wurde.

4.2 Entwicklung des Begleitnetzwerks als Beispiel

Leitfragen dieses Unterkapitels sind:

- Wie ist der aktuelle Stand des Begleitnetzwerks?
- Wie entstehen nachhaltige Strukturen aus einer Gemeinsinn-Werkstatt?
- Welche Leistungen bietet das Begleitnetzwerk an?

4.2.1 Vom Forschungsprojekt zum Begleitnetzwerk

Grundsätzliches zum Begleitnetzwerk

Die Gemeinsinn-Werkstatt war und ist ein sich entwickelndes Verfahren, dessen Stärke vor allem in der flexiblen Anpassungsfähigkeit seiner Methodenelemente und der bedarfsorientierten Zusammenstellung von Begleitenden liegt. Dieser Prozess erfordert Koordination und organisatorische Rahmenbedingungen. Das »Forschungs- und Entwicklungsprojekt Gemeinsinn« (August 2000 bis Juni 2004) hatte deshalb zur Konzeption der Gemeinsinn-Werkstatt und zum Aufbau des Begleitnetzwerks eine eigene Gemeinsinn-Werkstatt zum Thema »Gemeinsinn begleiten« (September 2002 bis Mai 2004) initiiert. Zu den Initiatoren gehörten Bertelsmann Stiftung, C·A·P und die Evangelische Akademie Bad Boll.

Durch die praktische Arbeit an den Modellwerkstätten, die zahlreichen Netzwerkforen und den intensiven Austausch ist ein Verbund von Multiplikatoren entstanden, der Gemeinsinn-Werkstätten begleiten kann. Es sind Kolleginnen und Kollegen, die Qualifikationen auf unterschiedlichen Ebenen besitzen: Prozessberater, Moderatoren, Wissenschaftler, Logistiker, Veranstalter, Internet-, Marketing- und Finanzfachleute, Layouter, Redakteure und viele freiwillig Engagierte, die hinter den Kulissen mithelfen, lernen und/oder Kontakte vertiefen.

Die Mischung aus haupt- und ehrenamtlichen Mitwirkenden, freiberuflichen und institutionell angebundenen Interessierten, Jungen und Alten, Erfahrenen und Unerfahrenen kann vielfältiger kaum sein. Die Beteiligung findet mit wechselnder Intensität in unterschiedlichen Phasen des Projektes statt. Gelegentlich schwankt die Zuverlässigkeit und Klarheit der Absprachen. Für einige der Beteiligten war es in der Entwicklungsphase nicht immer einfach, mit den vielfachen Neuerungen Schritt zu halten. Durch wirtschaftliche Zwänge und die große Entfernung untereinander entstanden Bereiche und Phasen der Inaktivität. Die zeitliche Begrenzung des Projektauftrags und der Wunsch, möglichst viele Aspekte der Gemeinsinn-Werkstatt und des Begleitnetzwerks zu klären und für den Leitfaden festzuhalten, führten zu großen Anforderungen und wären ohne die hohe intrinsische Motivation der Beteiligten kaum machbar gewesen.

Zum Kern der fest angestellten Mitarbeiter des Forschungs- und Entwicklungsprojektes am C·A·P und dem großen Kreis von sporadisch Mitwirkenden stoßen immer mehr Interessierte hinzu. Im Begleitnetzwerk wird nachhaltig voneinander gelernt, miteinander gestaltet und sich füreinander eingesetzt. Als besonders attraktiv erweisen sich die angebotenen Gestaltungsfreiräume, die Möglichkeit zum Lernen aus praktischen Erfahrungen und theroretischen Überlegungen sowie die gemeinsame Ausrichtung auf innovative Methoden, mit denen Gemeinsinn gefördert werden kann.

Zwischenstand der Entwicklung

Zum Zeitpunkt der Erstveröffentlichung des vorliegenden Leitfadens hat die Gemeinsinn-Werkstatt im Rahmen des Forschungs- und Entwicklungsprojektes Gemeinsinn bereits die beiden Phasen Erkundung und Entwicklung durchlaufen und befindet sich in der dritten Phase: der Implementierung. Die wichtigsten Schritte dieses Prozesses lassen sich wie folgt zusammenfassen:

1. *Erkundungsphase*: deutschlandweite Bedarfsanalyse und weltweite Best-Practice-Recherche nach Methoden und Verfahren zur Förderung von Gemeinsinn; theoretische Fundierung und Erstellung der Grundlagenbroschüre »Gemeinsinn – Gemeinschaftsfähigkeit in moderner Gesellschaft«; Aufbau der organisatorischen Infrastruktur inkl. Beteiligungsplattform im Internet sowie Ausbau von Kontakten
2. *Entwicklungsphase*: Konzeption des Großgruppenverfahrens; Umsetzung in fünf Modellwerkstätten; Aufbau und Austausch des Begleitnetzwerks, Reflexion, Evaluation und konzeptionelle Überarbeitung der Gemeinsinn-

Werkstatt; Schaffung und Nutzung einer Baukasten-Entwicklungsplattform im Internet mit Open-Content-Lizenz; Konzeption von Informations- und Bildungsprogrammen

3. *Implementierungsphase*: Veröffentlichung des Informations- und Arbeitsmaterials zur Begleitung; Aufbau von monatlichen Regionaltreffen; Weiterentwicklung des Bildungsprogramms, Konkretisierung der Begleitangebote, Konzeption einer Marketing- und PR-Strategie; weitergehende Vernetzung in unterschiedlichen Themenbereichen; Umsetzung von Anfragen zur Gemeinsinn-Werkstatt

> Ziel ist es, die Gemeinsinn-Werkstatt mit dem Begleitnetzwerk so zu stabilisieren, dass auch Erfahrungen ausgewertet, Bausteine konzipiert, Begleitende ausgebildet und für brennende Anliegen vermittelt werden können.

Mit Auslaufen des Forschungs- und Entwicklungsprojektes der Bertelsmann Stiftung wuchs bei vielen Mitwirkenden von Gemeinsinn-Werkstätten der Wunsch, das entstandene Begleitnetzwerk und das Projektverfahren über den vierjährigen Projektzeitraum hinaus zu sichern und weiterzuentwickeln. Dafür wurde auf dem Realisierungsforum der GW »Gemeinsinn begleiten« im September 2003 der »Netzwerk Gemeinsinn e. V.« als Trägerverein mit entsprechendem Leitbild (→ N006) gegründet. Zur gleichen Zeit sagten Institutionen wie die am C·A·P entstehende »Akademie Führung & Kompetenz« dem Begleitnetzwerk ihre Unterstützung im Bereich der Qualifizierung zu.

Weitere Informationen über die Entwicklung finden sich im Gemeinsinn-Werkstatt-Baukasten (→ E91, B001).

4.2.2 Vernetzung über das Projekt hinaus

Nachhaltige Wirkung von Projekten

Zur Sicherung der Ergebnisse von auslaufenden Projekten stellen Förderer und Auftraggeber bereits bei Projektantrag immer häufiger die Frage nach der Gewährleistung von Nachhaltigkeit der Maßnahmen. Die Förderpolitik vieler staatlicher und nichtstaatlicher Träger beschränkt sich inzwischen auf Projekte mit einer Laufzeit von ein bis zwei Jahren und fragt verstärkt nach der Implementierung von Resultaten in den Alltag von Institutionen und Netzwerken.

Da keine Regelförderung angestrebt wird, werden durch diese Maßnahmen nur Impulse zu mittelfristigen Innovationen gegeben. Die Antragsteller haben vor allem dann eine Chance auf Förderung, wenn sie auch selbst in ihr Projekt investieren und glaubhaft eine nachhaltige Verbesserung der eigenen bzw. vernetzten Arbeit anstreben (→ U014).

Häufig sind es die beteiligten Menschen und Institutionen einer Gemeinsinn-Werkstatt, die für weitere Kontinuität bzw. weitere Innovation über das Projekt hinaus sorgen wollen. Wird eine Gemeinsinn-Werkstatt beendet, besteht in vielen Fällen der Bedarf nach Verstetigung und Konsolidierung der gefundenen Lösungen und der entstandenen Beziehungen. Dies kann zur Integration des Themas in die Struktur eines existierenden oder neu zu gründenden Vereins, Verbandes oder einer Organisation (vgl. Kapitel 4.1.3, → E413) führen, aber auch zur Etablierung langfristiger sozialer Netzwerke (z. B. Begleitnetzwerke) oder weiterer mittelfristiger Projekte (z. B. Gemeinsinn-Werkstätten).

Aufeinanderfolge von Projekten

Bei manchen auslaufenden Projekten ist es sinnvoll, ein »Folgeprojekt« zu beantragen bzw. aus eigenen Mitteln gemeinsam zu initiieren. Dies setzt auf inhaltlicher Ebene die Entwicklung einer »Strategie« voraus, die eine Verbindungslinie von einem zum anderen Thema zieht. Auf organisatorischer Ebene wird eine »Struktur« benötigt, die nicht nur das ursprüngliche, sondern auch das Folgeprojekt trägt. Auf methodischer Ebene kann sich dann eine »Kultur« gegenseitigen Umgangs entwickeln, die dazu beiträgt, entstandene Beziehungen zu erhalten und zu verbessern.

Folgeprojekte werden insbesondere dann angestrebt, wenn sie über das erfolgreich erreichte Ziel hinausführen, auf bestehenden Ergebnissen aufbauen und zu neuen Zielen führen. Dabei ist vor allem die Frage zu beantworten, warum erneut ein mittelfristiges Folgeprojekt beantragt wird und was das eine mit dem anderen Projekt verbindet (vgl. zu Prozessdauer und Besonderheit von Projekten Kapitel 3.1.1, → E311).

Von der Projekt- in die Netzwerk-Struktur

In der Praxis sind weit häufiger die längerfristigen Vernetzungen anzutreffen, die keinen Endpunkt mehr definieren, weil ihr Thema nach wie vor aktuell ist und die Zusammenarbeit der beteiligten Personen sich bewährt hat.

Beispiel »Gemeinsinn begleiten«
Die Gemeinsinn-Werkstatt zum Aufbau des Begleitnetzwerks brachte im Verlauf von eineinhalb Jahren eine Vielzahl von Einzelaktionen hervor, von denen viele Projektcharakter hatten. Eines der Projekte war etwa die Vernetzung über Internet, die im gleichen Zeitraum von einer Gruppe von Administratoren und Redakteuren ausgebaut wurde und sich zu einem eigenen Projekt im Projekt entwickelte.
Als im Mai 2004 diese Gemeinsinn-Werkstatt zu Ende ging, war nicht nur das Internet-Projekt als nachhaltiger Entwicklungsstrang entstanden, sondern auch die Organisationsstruktur für Regionaltreffen, Netzwerkforen, Bildungsvorhaben, Veröffentlichungen samt eigenem Trägerverein. Aktivierungs-, Realisierungs- und Integrationsforum trugen zum Aufbau und zur Stabilisierung dieser Strukturen und Einzelprojekte bei, die nun selbst das Thema »Gemeinsinn begleiten« in eigenen Projekt- und Netzwerkabläufen weitertragen.

Gemeinsinn-Netzwerke können in ihrem Verlauf zwar auch aus einer Reihe von Folgeprojekten bestehen, die Besonderheit ist jedoch die parallel laufende Struktur der Vernetzung.

Parallel und versetzt laufende Projektstränge, die sich angemessen absprechen und synergetisch weiterentwickeln, ergeben die strukturelle Basis eines längerfristig wirksamen Gemeinsinn-Netzwerks.

Baukasten-Elemente zur Entwicklung von Gemeinsinn-Netzwerken

Bei der Entwicklung von Strategien zur Verknüpfung von Projekten empfiehlt sich der Rückgriff auf die in der Gemeinsinn-Werkstatt bereitgestellten Orientierungshilfen: Phasenpläne, Aufgabenprofile und Bausteine.

Gemeinsinn-Netzwerke sind langfristige Beteiligungsprozesse. Ihr wesentlicher Unterschied zum Gemeinsinn-Werkstatt-Projektverfahren liegt im angedachten Zeitraum und in der Verstetigung bzw. Institutionalisierung von Prozessen. Gemeinsinn-Netzwerke nutzen alle in Kapitel 3 beschriebenen Aktionsformen (Kapitel 3.3.1, → E331): kurz- bis langfristige Initiativen, mittelfristige Projekte, kurzfristige Veranstaltungen und weitere Aktionen, wie z. B. den Aufbau eines weiteren, langfristig wirksamen Netzwerks.

Abbildung 11: Stabilisatoren für Folgeprojekte

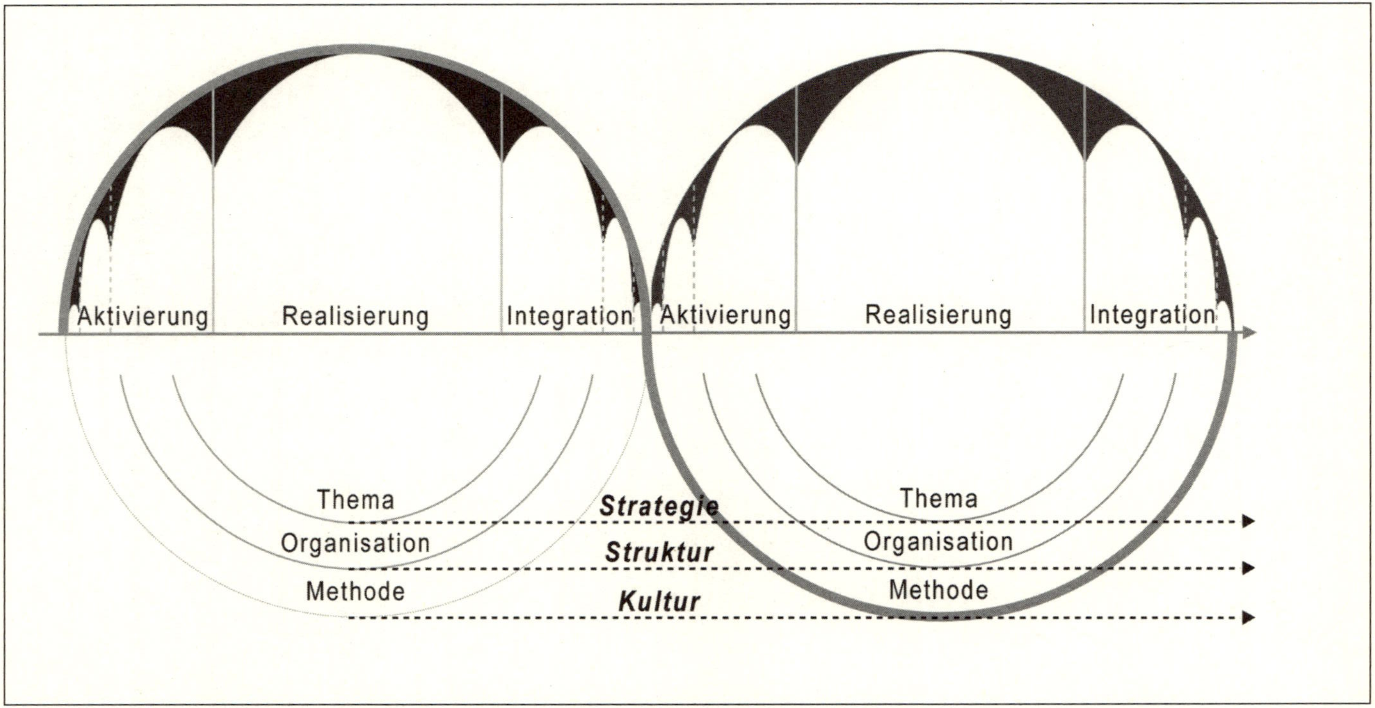

Die Motivation, Gestaltung und Entwicklung dieser Aktionen entspricht den im Baukasten beschriebenen »Phasenplänen«. Auch Prozesse in Netzwerken gliedern sich in Aktivierungs-, Realisierungs- und Integrationsphasen, fördern Einzel- und Basisaktionen und sind aufeinander abzustimmen. Regelmäßig stattfindende Netzwerkforen geben einen Grundrhythmus vor und dienen als wichtige Fixpunkte für den Netzwerkalltag zur Reflexion der Arbeit.

Netzwerke können sich auch an den »Aufgabenprofilen« von Gemeinsinn-Werkstätten orientieren (vgl. Kapitel 3.3.2, → E332). Die Aufgabenbereiche Thema, Organisation und Methode werden lediglich langfristiger angedacht und angegangen und behalten dabei Strategie, Struktur und Kultur eines Netzwerks im Blick (vgl. Abbildung 11):

- Die Strategie dient dem Netzwerk zur inhaltlichen Orientierung, um zentrale Ziele und Visionen zu entwickeln, zu konkretisieren, festzuhalten und nicht aus dem Auge zu verlieren.
- Die Struktur eines Netzwerks bildet den geeigneten Rahmen für die Etablierung, Umsetzung und langfristige Nutzung von organisatorischen Maßnahmen.
- Die Kultur eines Netzwerks entsteht durch methodische Maßnahmen und Beziehungen, innerhalb derer sich die Beteiligten austauschen, vernetzen und qualifizieren können und dabei einen eigenen Umgangsstil entwickeln.

Auch die anderen Baukasten-Elemente (Essenz-Informationen und Bausteine) eignen sich für die unterschiedlichen Aktivitäten eines Gemeinsinn-Netzwerks. Alles für die spezifische Arbeit in Gemeinsinn-Netzwerken und im Begleitnetzwerk Wissenswerte ist im Bereich »Netzwerk-Informationen« und auf den aktuellen Webseiten zusammengefasst.

4.2.3 Leistungen des Begleitnetzwerks

Methodische Erfahrungen weiterentwickeln

Das Begleitnetzwerk dient der Erschließung, Aufbereitung und Vermittlung von Kenntnissen zu Beteiligungsverfahren. Es ist ein System, das sich selbst weiterentwickelt und neue Erfahrungen integrieren kann. Aus Sicht der Begleiter besteht es aus zwei Teilsystemen:
- *externe Begleitung:* Berater, Evaluatoren, Moderatoren und andere Fach-

leute können über das Begleitnetzwerk im Gemeinsinn-Werkstatt-Kontext Angebote zur Unterstützung anderer Gemeinsinn-Netzwerke machen.
- *interne Beteiligung*: Die Begleiter können sich innerhalb des Begleitnetzwerks austauschen, vernetzen und qualifizieren, um das Verfahren weiterzuentwickeln und eigene Kompetenzen und Ressourcen auszubauen.

Die Vorgehensweise der externen Begleitung entspricht den Beteiligungsschritten der Gemeinsinn-Werkstatt und beinhaltet die Beratung, Evaluation oder Moderation des beauftragenden Gemeinsinn-Netzwerks vor Ort. Parallel dazu können sich Begleitende innerhalb des Begleitnetzwerks die für den Prozess notwendige Unterstützung holen und im Gegenzug ihre gewonnenen Erfahrungen weitergeben: Austausch, Vernetzung, Qualifizierung (vgl. Abbildung 12).

Abbildung 12: Externe Begleitung und interne Beteiligung von Mitwirkenden des Begleitnetzwerks

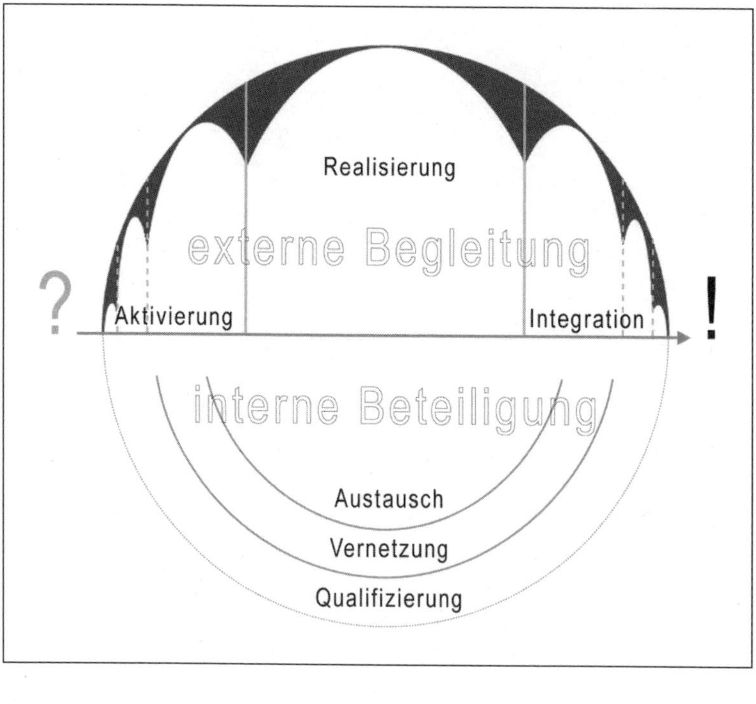

Beteiligungsstrategie im Begleitnetzwerk

Jeder, der im Begleitnetzwerk mitwirken will, ist willkommen und hat mit der Vertiefung in den Leitfaden bereits den ersten Schritt dazu getan. »Interessierte« verschaffen sich zunächst einen Überblick und konkretisieren die eigenen Visionen (Wollen). »Mitwirkende« sind an der Zusammenarbeit beteiligt und engagieren sich entsprechend eigener Bedürfnisse (Mögen). Wer darüber hinaus motiviert ist, kann als »Koordinierender« für bestimmte Aktionen und Bereiche des Netzwerks Verantwortung übernehmen (Können).

Damit die ersten Schritte zu einem kontinuierlichen Prozess führen, bieten unterschiedliche Austauschebenen Gelegenheit zum Abgleich ergänzender Interessen (vgl. Matching in Kapitel 2.1.1, → E211).

Beispiel Infostand bei Forum
Auf dem Aktivierungsforum der Gemeinsinn-Werkstatt »Gemeinsinn begleiten« im September 2002 wollte eine Arbeitsgruppe ihr verfahrenstheoretisches Wissen vertiefen, fand jedoch keine Gelegenheit dazu, weil andere Beteiligte Grundlagen zur Gemeinsinn-Werkstatt klären wollten.
Im folgenden Realisierungsforum, das im September 2003 stattfand, wurde parallel ein Infomarkt eingerichtet, bei dem sich alle Beteiligten umfassend über die Gemeinsinn-Werkstatt informieren konnten. Hier boten Koordinierende des Begleitnetzwerks den interessierten Beteiligten eine bedarfsorientierte Einführung in das Thema mit einem Frage-Antwort-Teil. Fachgruppen wurden dadurch von Fragestellungen zu Basiswissen entlastet.

Um eine möglichst umfassende Information zu gewährleisten, sind Netzwerkforen, Internet-Plattformen und E-Mail-Verteiler auf die unterschiedlichen Themen zugeschnitten, die für das Begleitnetzwerk wichtig sind. Bei Angeboten an Fachgruppen wird dies besonders vermerkt und bei der Anmeldung durch eine Motivationsabfrage bewusst gemacht.

Externe und interne Struktur

Die Abstimmung der Aktivitäten des Begleitnetzwerkes erfordert insbesondere bei langfristig arbeitenden Netzwerk-Aktionen eine klare Struktur, an der sich extern Interessierte wie auch intern Mitwirkende orientieren können. Eine wesentliche Orientierungslinie verläuft zwischen den internen und externen Angeboten des Begleitnetzwerks.

Beispiel »Beteiligung übers Reden hinaus«

Der vorliegende Leitfaden kann als Beispiel dienen, welche internen Prozesse abliefen, damit ein externes Angebot des Begleitnetzwerks entstehen konnte. Zunächst wurde ein Publikationsprojekt ins Leben gerufen, mit dem Auftrag, Grundinformationen für interne Mitwirkende und externe Interessierte bereitzustellen. Dazu wurde intern ausgetauscht, vernetzt und qualifiziert, Institutionen lieferten auf vielfältige Weise ihren Beitrag.

Im groben Überblick lief die »Entscheidung« zu Inhalten über das Forschungs- und Entwicklungsteam des C·A·P (T10), die »Kommunikation« über Mitglieder des Begleitnetzwerkes (T20), die »Dokumentation« über die Gemeinsinn-Werkstatt-Redaktion und Mitwirkende des Gemeinsinn-Werkstatt-Ateliers (T30), die »Finanzierung« über die Bertelsmann Stiftung (O10), die »Versorgung« über den Verlag der Stiftung und die Gemeinsinn-Werkstatt-Administration (O20) und die »Gestaltung« über Layouter und Redakteure (O30). »Beratung« (M10), »Evaluation« (M20) und »Moderation« (M30) des Prozesses haben bei Bedarf Kollegen des Begleitnetzwerks übernommen. Dabei flossen auch strategische Überlegungen des gesamten Begleitnetzwerks ein, das eine nachhaltig und vielseitig verwendbare Publikation benötigt: eine Art aktualisierbares »Handbuch« sowohl für Interessierte als auch für Praktizierende und Koordinierende von Gemeinsinn-Werkstätten. Die Strukturierung des Produktionsprozesses und Vertriebs koordinierte die Bertelsmann Stiftung, ließ dabei aber den inhaltlich Verantwortlichen viel Gestaltungsfreiraum. Für das Internet übernahmen das C·A·P und Netzwerk Gemeinsinn e.V. die Verantwortung. Mit der Strukturierung und technischen Realisierung des Baukastens wurden Kollegen des Begleitnetzwerks bzw. externe Programmierer beauftragt. Ein Qualitätsgremium achtete auf die Vereinbarkeit der Publikation mit dem Gemeinsinn-Konzept und die authentische Vermittlung der Begleitnetzwerk-Kultur.

Die Entwicklung des vorliegenden Leitfadens war keineswegs einfach und wurde zum Teil durch extrinsisch motivierte Faktoren wie Projektende, auslaufende Finanzierung, Erwartungsdruck vorangetrieben. Allen Beteiligten kam es jedoch darauf an, dass die Ergebnisse der Gemeinsinn-Werkstatt nicht nur im Leitfaden beschrieben und

dokumentiert sind, sondern durch die Internet-Module weiterentwickelt und im Begleitnetzwerk lebendig gehalten werden.
Zu den 30 bis 40 Prozent regulär finanzierten Arbeitsstunden kamen durch Überstunden von Mitarbeitern und freiwilliges Engagement aus dem Begleitnetzwerk weitere 60 bis 70 Prozent hinzu. Ein Mehrwert also, der die Effizienz von Gemeinsinn-Projekten deutlich macht.
Auf der Ebene externer Netzwerkentwicklung, kann nun der Leitfaden und der Gemeinsinn-Werkstatt-Baukasten gekauft, ausgeliehen, heruntergeladen und angewendet werden und damit beim Aufbau anderer Gemeinsinn-Netzwerke unterstützten. Wer die Publikationen nutzt, wird selbst beurteilen können, ob das Produkt hilfreich und nützlich ist und ob es dazu einlädt, weitere Kontakte zum Begleitnetzwerk zu knüpfen.

Externe und interne Angebote bedingen einander, weil sie sich gegenseitig verbessern helfen und dazu beitragen, durch materielles wie immaterielles Engagement den Fortbestand der Entwicklungsarbeit zu sichern. Freiwilliges Engagement im Begleitnetzwerk bietet somit einen dreifachen Gewinn: für den einzelnen Mitwirkenden, das Begleitnetzwerk und die Gemeinsinn-Netzwerke, die damit arbeiten wollen.

Dezentrale Knoten und Aktivitätszentren zur Stabilisierung

Das bislang deutschlandweit angelegte Begleitnetzwerk wird durch seine Vielseitigkeit an Größe zunehmen und langfristig dezentral koordiniert und gesteuert werden. Die Stabilität eines Netzwerks nimmt mit der Anzahl der Knoten zu, bei denen die Fäden zusammenlaufen. Als »Knotenpunkte« werden nicht die Menschen, sondern die Koordinationsstellen eines Netzwerks bezeichnet, die durch Menschen ausgefüllt werden (vgl. Abbildung 10). Einzelne Mitwirkende können sich aus dem Verbund jederzeit lösen, weil Mitwirkende aus ihrem Umfeld für Ersatz sorgen können. Das soziale Umfeld einer Koordinationsstelle, das sich um ein Anliegen kümmert, die Arbeit unterstützt und belebt, wird im Begleitnetzwerk als »Aktivitätszentrum« bezeichnet und ist den Aktionsgruppen beim Projektverfahren der Gemeinsinn-Werkstatt ähnlich.

Im Begleitnetzwerk entstehen »Aktivitätszentren« und »Knotenpunkte« dort, wo am meisten Bedarf und Motivation vorherrscht und Menschen bereit sind, sich freiwillig zu engagieren.

Aktivitätszentren werden gerne bestehenden Trägern zugeordnet, die Beteiligung und Gemeinsinn fördern wollen, Stellen mit artverwandten Aufgaben innehaben und sich um die Infrastruktur kümmern können. Es können aber auch Aktionsgruppen aus Einzelpersonen sein, die als Ansprechpartner bereitstehen und sich im Bedarfsfall um die Organisation von Finanzen und Räumen kümmern. Dem Gemeinsinn-Konzept entsprechen jedoch am ehesten die Mischformen, bei denen Vertreter von Institutionen sich mit interessierten Einzelpersonen zusammenschließen und Aktivitätszentren bilden.

Netzwerke und deren Aktivitätszentren können sich bei der Aufgabenverteilung an Aufgabenprofilen des Gemeinsinn-Netzwerkes (vgl. Kapitel 3.3.2, → E332) orientieren, die thematische, organisatorische und methodische Schwerpunkte beinhalten. Auf der Ebene des längerfristig arbeitenden Netzwerks lauten die Bereiche Strategie, Struktur und Kultur. Ihre Untergliederung in Netzwerkfelder folgt den bekannten Aufgabenfeldern bei Projekten:

- Für den thematischen Austausch im Strategie-Bereich stehen die Netzwerkfelder Entscheidung, Kommunikation und Dokumentation zur Auswahl. Hier werden intern gemeinsam Konzepte und Materialien konkretisiert, Klausurtage, Schreibwerkstätten und Netzwerktreffen koordiniert und entsprechende Papiere, Protokolle und Aufzeichnungen dokumentiert, damit extern PR und Marketing möglich werden, Informationsveranstaltungen und Regionaltreffen angeboten und externe Veröffentlichungen, Flyer und Artikel weitergegeben werden können.
- Für die organisatorische Vernetzung im Struktur-Bereich werden Finanzierung, Versorgung und Gestaltung benötigt. Hier wird die interne Infrastruktur zum Großteil ohne direkte finanzielle Gegenleistung aufgebaut, werden Trägerkonstruktionen für Netzwerkaktionen, Pilotprojekte, Material- und Raumversorgung abgeklärt und E-Mail-Verteiler und andere Webmodule entwickelt und betreut, um extern finanzierte Leistungen zu erbringen, als Partner für Begleitverfahren attraktiv zu werden und eine entsprechende Internetpräsenz zu entwickeln.
- Die methodische Qualifizierung im Kultur-Bereich stellt Beratung, Evaluation und Moderation zur Verfügung. Hierzu dient intern die Ausarbeitung von Leitlinien auf der Grundlage von Forschungsergebnissen und Praxiserfahrungen, das Angebot von kollegialer Beratung, Assistenz und Supervision, internen Trainings, Workshops und Testseminaren, um extern mit unverwechselbarem Konzept, exzellenten Begleitangeboten (Beratung,

Evaluation und Moderation) sicher auftreten zu können und darüber hinaus spezifische Bildungsangebote wie Trainings, Workshops und Hospitationen anzubieten.

Herausforderungen und Lösungsmodelle

Zu den zentralen Anliegen des Begleitnetzwerks der Gemeinsinn-Werkstatt zählen der Austausch, die Vernetzung und die Qualifizierung von Methoden zur Förderung von Gemeinsinn. Sie schließen aber auch die beruflichen und persönlichen Interessen der Mitwirkenden ein, zum Beispiel berufliche Weiterbildung, Aufbau neuer Kontakte, finanzielle Perspektiven etc. Gemeinsinn-Netzwerke nehmen solche Motive ernst, um eine gute Basis für Engagement aus eigenem Antrieb zu schaffen. Die Gemeinsinn-Werkstatt als Begleitnetzwerk bietet dafür folgende Lösungsansätze:

- Der Komplexität und den vielfältigen Optionen des Verfahrens steht ein Begleitkonzept gegenüber, das unterschiedliche Qualifikationen miteinander vernetzt und anwendungsorientiert anbietet.
- Um den unterschiedlichen Kenntnisstand des Begleitnetzwerks auszugleichen, steht den Mitwirkenden eine Infrastruktur von Kommunikationsmitteln zur Verfügung, die vor allem internetbasiert eine besondere Qualität bietet.
- Der Anspruch, trotz großer Vielfalt ein hohes Maß an Qualität aufrecht zu erhalten, hat zur Gründung eines Qualitätsgremiums sowie zu einem breiten Angebotsspektrum an Informations-, Kooperations- und Fortbildungsmaßnahmen geführt.

Im Folgenden werden die Entwicklung des Begleitnetzwerks und die Umsetzung seiner Lösungsansätze anhand von Praxisbeispielen veranschaulicht.

4.3 Drei Schwerpunkte aus der Arbeit des Begleitnetzwerks

Leitfragen dieses Unterkapitels sind:

- Worin unterscheidet sich das Begleitkonzept von anderen Formen der methodischen Begleitung?
- Wie funktioniert die Beteiligungsplattform nach offenem Standard?
- Was bietet das Begleitnetzwerk im Rahmen seiner Öffentlichkeitsarbeit an?

4.3.1 Vernetzung als Begleitkonzept

Interne Vernetzungserfahrungen

Die Gemeinsinn-Werkstatt hat von Anfang an auf der Vernetzung unterschiedlicher Kompetenzen aufgebaut. Indem das Forschungs- und Entwicklungsteam auf vielfältige Kenntnisse, Erfahrungen und Feedbacks der Kollegen im Begleitnetzwerk zurückgreifen kann, war es in der Lage, dieses komplexe Projektverfahren zu entwickeln und weiterzuentwickeln.

»Voneinander, miteinander, füreinander« ist nicht nur Motto, sondern Überlebensstrategie des Begleitnetzwerks. Die Entwicklung der Modellwerkstätten begann mit einem Konzept, das im Verlauf der Zusammenarbeit mit anderen Mitwirkenden der Gemeinsinn-Werkstätten verfeinert und optimiert wurde. Zu Beginn gab es keine vorbereiteten Phasenpläne, Aufgabenprofile oder Bausteine, auch die im Glossar aufgeführten Begriffe (Kapitel 6.2, → E62) unterlagen noch einem Entwicklungsprozess. Diese Pionierphase hat gezeigt, dass viele Lösungen im Handeln entstehen oder von den Beteiligten selbst kommen. Professionelle Begleitende können also vertrauensvoll der Selbstorganisation und Intuition von Beteiligten folgen, sie bei Bedarf bei der methodischen Optimierung unterstützen.

Außerdem wurde dadurch die Identifikation mit dem Prozess verstärkt, zu weiterem Engagement ermutigt und das eigene Vertrauen der Beteiligten in die Selbstorganisation von Prozessen gesteigert. Die strukturellen Vorgaben der Begleitenden wurden präziser, und der Freiraum für Mitbestimmung und Selbstorganisation der Beteiligten vergrößerte sich – auch im methodischen Bereich.

In der Zusammenarbeit mit Assistenten und Hospitanten zeigte sich, wie viel von diesen Kollegen gelernt werden konnte. Auch ihre Rückmeldungen waren für die Entwickler ein Ansporn, das Verfahren weiter zu optimieren.

Entwicklung des externen Begleitkonzepts

Auf der Grundlage dieser Vorgehensweise hat sich das Leistungsangebot für die externe Begleitung nach Maßgabe folgender Leitvorstellungen entwickelt:

- Ehrenamtliche und honorierte Mitwirkung sind harmonisch aufeinander abzustimmen.
- Möglichst viele Aktivitäten werden aus Kosten- und Vernetzungsgründen von den Auftraggebern wahrgenommen; Begleitende machen sich so gut es geht entbehrlich.

– Die Sicherung der für das aktuelle Projekt notwendigen Qualität beinhaltet auch die Weiterbildung der Begleitenden.

Das Begleitkonzept umfasst also einerseits Leistungen wie Beratung, Moderation, Evaluation und Bildung, die aufeinander abgestimmt sind und extern angeboten werden. Es bietet andererseits den Begleitenden beim Austausch der Erfahrungen, bei der Entwicklung der Methoden und der gegenseitigen Qualifizierung die notwendige Unterstützung.

Die Begleitung von Gemeinsinn-Werkstätten betont vor allem die Freiwilligkeit und Selbstorganisation der Beteiligungsprozesse. Sie achtet aber gleichzeitig auf die Vollständigkeit jener Mittel und Kenntnisse, die eine Gemeinsinn-Werkstatt benötigt, um erfolgreich ablaufen zu können. Wenn sich herausstellt, dass bei den Mitwirkenden bestimmte Kompetenzen fehlen, kann die Initiativ- bzw. Projektgruppe geeignete Unterstützung im Begleitnetzwerk anfragen. Diese Unterstützung reicht von der direkten Dienstleistung durch Berater, Moderatoren und Evaluatoren über das Ausleihen von Materialien, die Unterstützung durch Assistenz und Hospitanz bis hin zu Informations- und Bildungsangeboten.

Die Entscheidung, ob und welche Unterstützung für die jeweilige Gemeinsinn-Werkstatt von außen notwendig ist, trifft die Initiativ- bzw. Projektgruppe. Auch für Einzelprojekte können Angebote in Anspruch genommen werden.

Externe Beratung zum Prozessdesign: umfassend oder punktuell

Im Verlauf einer Gemeinsinn-Werkstatt bleibt bis zur Projektplanung (→ A23) die Entscheidung für oder gegen das Gemeinsinn-Werkstatt-Projektverfahren offen. Gerade die Einstiegsphase in den Beteiligungsprozess erfordert Transparenz und Konsens der Schlüsselpersonen und Projektpartner, damit sie sich in die zentralen Entscheidungen einbezogen fühlen.

Führt die »Verfahrensberatung« zu einer gemeinsamen Entscheidung zugunsten der Gemeinsinn-Werkstatt, können sich alle Partner am Phasenschema und den Aufgabenprofilen orientieren und eigene Basis- und Einzelaktionen entwickeln. Die Entscheidung für einen kompletten Verfahrensrahmen gibt Orientierungsstabilität; darüber hinaus kann auf den bestehenden Gemeinsinn-Werkstatt-Baukasten und die Unterstützung des Begleitnetzwerks zurückgegriffen werden. Benötigt die Projektgruppe beispielsweise noch zusätzliche Geldmittel oder eine Internet-Anbindung, kann sie sich an Finanz- oder Web-Experten des Begleitnetzwerks wenden.

Es kommt auch vor, dass Initiativen erst auf die Vorzüge der Gemeinsinn-Werkstatt aufmerksam werden, wenn sie sich bereits mitten in einem Beteiligungsverfahren befinden. In solchen Fällen können sie »punktuell Beratung« und Unterstützung aus dem Begleitnetzwerk anfragen, beispielsweise um den Abschluss eines laufenden Projektes erfolgreich zu gestalten oder einen laufenden Netzwerkprozess zu fördern.

Die Beratung eines Initiativ- oder Projektkreises kann aber aus gutem Grund (vgl. Einsatzempfehlungen der Gemeinsinn-Werkstatt in Kapitel 2.3.3, → E233) zu der Einschätzung kommen, dass sich in der bestehenden Situation ein anderes Verfahren besser eignen würde. Das breite Spektrum der am Begleitnetzwerk Beteiligten erlaubt in der Regel auch in solchen Fällen die Vermittlung dafür qualifizierter Ansprechpartner.

Kollegiales Vermittlungssystem für externe Anfragen

Anfragen werden innerhalb und, wenn nötig, auch außerhalb des Netzwerks weitervermittelt, bis die optimale Passung mit dem Angebot erzielt ist. Möglichst passen sollten zum Beispiel die erforderliche Kompetenz und Form der Begleitung, das gewünschte Preis-Leistungs-Verhältnis, die regionale Nähe, die geschlechtsspezifischen Voraussetzungen und die Zielgruppenerfahrungen.

Den Initiatoren und Auftraggebern entstehen dadurch keine Mehrkosten, vielmehr führt diese Form der Weitervermittlung an die passendsten Kollegen zu Respekt und Vertrauen in das Begleitnetzwerk. Die Präsentation von Begleitenden von Gemeinsinn-Werkstätten in der Kontaktbörse im Internet schafft Transparenz und Unabhängigkeit von einzelnen Vermittlungsstellen; darüber hinaus kommt es in verstärktem Maße zu gezielten Empfehlungen und Vermittlungen innerhalb des Begleitnetzwerks.

Die kollegiale Beratung im internen Kreis des Begleitnetzwerks unterstützt die Kollegen auch im Verlauf eines Begleitprozesses. Benötigen Begleitende für ein Projekt spezielle Kenntnisse, über die sie nicht verfügen, finden sie im Kollegenkreis in der Regel kompetente Unterstützung. Diese Vorgehensweise basiert auf der Gemeinsinn-Kultur des Begleitnetzwerks. Durch Netzwerk-Foren und die gegenseitige Assistenz und Hospitanz lernen sich die Kollegen intensiver kennen und können Standards für den gemeinsamen Umgang entwickeln.

Das Begleitkonzept bietet neben der punktuellen Unterstützung und der Prozessbegleitung aus einer Hand auch methodische Qualifizierung an. Wer sich selbst mit Verfahren auskennt, kann diese nicht nur besser einschätzen und weitervermitteln, sondern auch selbst die Rolle des Begleitenden übernehmen.

> Die Kombination von Begleitung realer Anliegen und der Bildung dazu notwendiger Fähigkeiten ist eine der Spezialitäten des Begleitnetzwerks.

Am Beispiel der Stadtteilentwicklung (Kapitel 3.2.2, → E322) wird deutlich, dass bestimmte Berufsgruppen mit der Investition in eine Fortbildung das methodische Know-how langfristig vor Ort einbringen können. Ein Quartiermanager oder ein Sozialpädagoge, der sich intensiver mit dem Verfahren auseinandersetzt, kann es auch in den eigenen Arbeitsfeldern regelmäßiger einsetzen und nutzen.

Mit Blick auf Nachhaltigkeit ist also zu überlegen, ob bestimmte Berufsgruppen vor Ort nicht gezielt auf Bildungsangebote des Begleitnetzwerks zurückgreifen können. Sie reichen von der einwöchigen »Basisfortbildung für erfahrene Großgruppenbegleiter«, über mehrtägige Spezial-Fortbildungen zu unterschiedlichen Aufgabenfeldern der Gemeinsinn-Werkstatt bis hin zu einer einjährigen, berufsbegleitenden »Gemeinsinn-Begleit-Werkstatt«, die Wissen und praktische Erfahrung zu sämtlichen Aufgabenfeldern der Gemeinsinn-Werkstatt vermittelt.

Inhaltlich Interessierte werden also eher Informations- und Begleitangebote wahrnehmen, während methodisch Interessierte ihr fachliches Wissen gezielt erweitern und Bildungsangebote wahrnehmen.

Angebote hierzu vermittelt in erster Linie die Akademie Führung & Kompetenz des Centrums für angewandte Politikforschung (Ludwig-Maximilians-Universität München) in Zusammenarbeit mit kooperierenden Bildungseinrichtungen. Sie sind nach wissenschaftlichen Kriterien in Abstimmung mit dem Qualitätsgremium des Begleitnetzwerks zertifiziert. Das komplette Angebot ist in der Gemeinsinn-Werkstatt-Galerie abrufbar und kann außerdem auf den Bedarf von Gemeinsinn-Netzwerken vor Ort abgestimmt und zugeschnitten werden.

Interne Qualifizierung

Im Bildungsbereich ergibt sich eine interessante Zweiteilung zwischen externer Fortbildung, bei der Interessierte eine Dienstleistung marktüblich honorieren, und einer internen Qualifizierung von Mitgliedern des Begleitnetzwerks ohne Honorarkosten.

Die Weiterbildung interner Partner ist eine wichtige Voraussetzung für den gemeinsamen Informationsstand und im Interesse aller. Vielfach werden intern auch Qualifizierungsmöglichkeiten ausgeschrieben, die selbst noch eines qualifizierten Feedbacks bedürfen, bevor sie auf dem offenen Fortbildungsmarkt angeboten werden.

Kollegiale Beratung und Supervision, gegenseitige Unterstützung, Dokumentation und Evaluation sind weitere interne Dienstleistungen, die im gegenseitigen Einvernehmen innerhalb des Begleitnetzwerks angeboten und durchgeführt werden können.

4.3.2 Beteiligungsplattform mit offenem Standard

Einladung zur Mitwirkung

Wer an einer Gemeinsinn-Werkstatt mitgewirkt hat, wird zum Erfahrungsträger. Es lohnt daher für Interessierte, sich darüber zu informieren, was es bereits an »geronnener Erfahrung« in Form von Bausteinen gibt, und zu überlegen, eigene Erfahrungen in das Begleitnetzwerk einzubringen. Dafür bieten sich verschiedene Möglichkeiten:

- aktuelle Artikel zu Verfahren, Institutionen, Terminen etc. auf dem »Beteiligungsmarkt« im Internet sowie im »Online-Infobrief«
- Erstellung von Bausteinen und gemeinsamen Dokumenten im Gemeinsinn-Werkstatt-Atelier (www.netzwerk-gemeinsinn.de)
- Besuch von Informationstreffen und Netzwerkforen zum Aufbau direkter Kontakte mit Aktivitätszentren und Mitwirkenden des Begleitnetzwerks

Neben den konventionellen Formen der Kontaktaufnahme und Kooperation bietet der Internet-Zugang Interessierten den Vorteil, dass sie selbst beurteilen können, ob sich derartige Instrumente nicht auch für ihre persönliche oder berufliche Informationsverbreitung und Projektarbeit eignen. Die Rahmenbedingungen im Internet können von der Begleitung oder in eigener Regie nach entsprechender Fortbildung geschaffen werden.

Die Bedeutung moderner Kommunikation im Begleitnetzwerk wird anhand des folgenden Rückblicks erkennbar. Der Bericht über die virtuelle Welt der Beteiligung im Forschungs- und Entwicklungsprojekt bietet Interessierten einen Einstieg, als ob sie schon von Anfang an dabei gewesen wären.

Externe Beteiligung via Internet

Die virtuelle Beteiligung hat im Begleitnetzwerk neben Workshops, realen Foren und regelmäßigen Treffen einen hohen Stellenwert. Sie entsprang dem Wunsch nach Transparenz und offener Beteiligung in dem bundesweit verstreuten Netzwerk von Begleitenden und Interessierten. Die Web-Administration und -Redaktion des Forschungsprojektes Gemeinsinn hat hierfür unterschiedliche Internet-Anwendungen zur Information und zum interaktiven Austausch entwickelt – übers Anklicken hinaus.

Zentraler Bestandteil des Forschungsprojektes war das Beteiligungsportal auf www.projekt-gemeinsinn.net, das nicht nur für die Gemeinsinn-Werkstatt, sondern auch für andere Methodenschwerpunkte des Forschungsprojekts Gemeinsinn zu nutzen war. Die Moderationsmethode Technology of Participation® war dort ebenso vertreten wie der große virtuelle Informationsmarkt im Stile eines Online-Magazins.

In diesem Infomarkt entstanden bis zum Abschluss des Forschungsprojektes rund 260 Artikel zu Aktionen, Initiativen, Terminen, Links und Theorien, die Beteiligungsverfahren und Gemeinsinn-Fördermaßnahmen thematisierten. Im Laufe von zwei Jahren nutzten 88 Autoren aus unterschiedlichen Kontexten eine spezielle Software zur selbst organisierten Textbearbeitung (Content-Management-System), um dort eigene Artikel einzustellen und durch die Web-Redaktion layouten und freischalten zu lassen. Im Monat frequentierten rund 1200 Besucher die Seiten, und ein Verteiler von ca. 400 Interessierten erhielt monatlich einen Online-Infobrief, der über die neuesten Entwicklungen im Projekt berichtete. Mit dem Übergang in die Implementierungsphase 2004 wurden Teile dieses Portals in die Webseiten von www.gemeinsinn-werkstatt.de übernommen.

Schwerpunkt dieser Beteiligungsplattform ist die Entwicklung und der Austausch von Materialien und Informationen im passwortgeschützten internen Bereich des »Gemeinsinn-Werkstatt-Ateliers«. Ziel ist die Weitergabe und Vermittlung der Materialien in der öffentlich zugänglichen »Gemeinsinn-Werkstatt-Galerie«, ganz im Sinne von Methoden-Künstlern.

Externe Gemeinsinn-Werkstatt-Galerie

Die Öffentlichkeitsarbeit der Gemeinsinn-Werkstatt lief während des Forschungsprojekts fast ausschließlich über den Online-Infobrief mit Hinweisen auf die Gemeinsinn-Werkstatt-Galerie, wo die wichtigsten Informationen zum Verfahren aufbereitet wurden. Da bis zum Abschluss der Entwicklungsphase an den genauen Formulierungen gefeilt wurde, erschien das Internet als geeignetes Medium, um einerseits relativ kostenneutral Informationen zu streuen, andererseits eine Öffentlichkeitsarbeit nahe am aktuellen Geschehen zu betreiben.

Mit Veröffentlichung des vorliegenden Leitfadens ist in der Gemeinsinn-Werkstatt-Galerie Stabilität eingekehrt. Die Internetpräsenz wurde neu aufbereitet, auch der Gemeinsinn-Werkstatt-Baukasten ist dort als Internet-Anwendung zu finden. Wer Gemeinsinn-Werkstätten durchführen möchte, kann direkt im Internet auf die Materialien zugreifen. Begleitende und Koordinierende brauchen damit im Verlauf einer Gemeinsinn-Werkstatt den Mitwirkenden lediglich Verweise auf die passenden Internet-Seiten zu geben.

Hinzu kamen ein Gemeinsinn-Werkstatt-Beteiligungsmarkt mit Beiträgen zu Initiativen und mit Terminen, Gedanken und Hinweisen, die Kontaktbörse, Downloads und andere Web-Module, durch die sich Interessierte über aktuelle Entwicklungen auf dem Laufenden halten können.

Internes Gemeinsinn-Werkstatt-Atelier

Lange Zeit bestand das Gemeinsinn-Werkstatt-Atelier aus einem projektinternen Kommunikations- und Downloadbereich. Im September 2003 wurde dann die neu entwickelte »Baukasten-Entwicklungsplattform« dem Begleitnetzwerk zugänglich gemacht und »Gemeinsinn-Werkstatt-Atelier« genannt. Die Plattform wurde programmiert, redaktionell aufbereitet und betreut, um deutschlandweit jene Informationen, Phasenpläne, Aufgabenprofile und Bausteine zu entwickeln, die jetzt im Gemeinsinn-Werkstatt-Baukasten vorliegen.

Dazu musste das Projektteam viel Zeit und Ressourcen investieren, um neben einer Datenbank strukturierte Vorlagen, Anleitungen und Beispiele zu erstellen. Außerdem hat es diese Plattform mit einer Kommentierungsfunktion versehen, die es allen Mitwirkenden ermöglicht, zu den Beiträgen der Entwickler Anregungen zu geben. Eine eigene Gemeinsinn-Werkstatt-Redaktion kümmert sich um die eingehenden Baukasten-Elemente, sorgt für die Aufbereitung der Materialien, steht für Fragen zur Verfügung, vergibt

Passwörter, ordnet die Beiträge passend zu und sorgt für den technischen Transfer in den Gemeinsinn-Werkstatt-Baukasten. Dies gewährleistet, dass die Materialien zur Gemeinsinn-Werkstatt durch Anregungen der Begleitenden stetig weiterentwickelt werden.

Abbildung 13: Screenshot Gemeinsinn-Werkstatt-Atelier

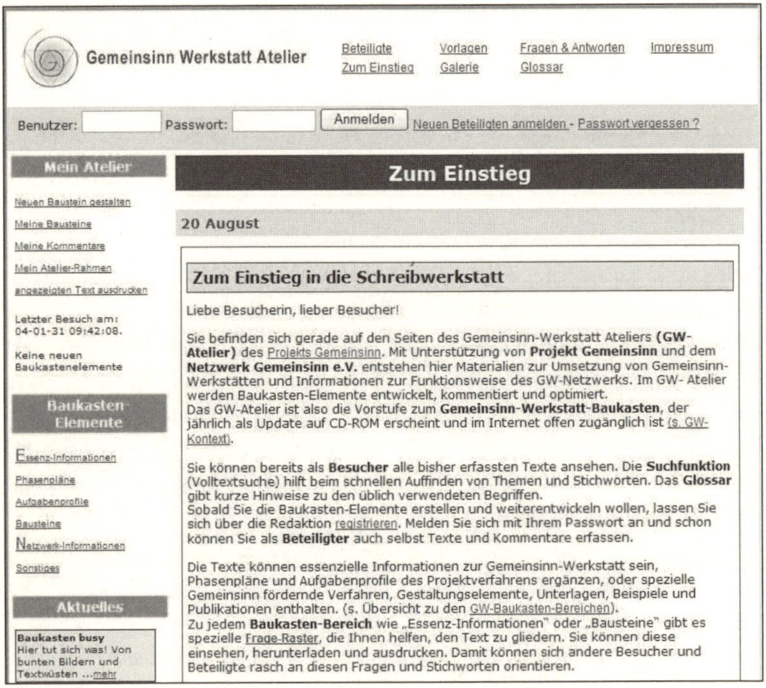

Open-Content-Lizenz mit Copyleft-Verfahren

Wenn viele verschiedene Autoren an einem Produkt arbeiten, sind rechtliche Bedingungen zur Regelung dieser Zusammenarbeit erforderlich. Verlage handeln in solchen Fällen klare Autorenverträge aus, die regeln, wer das Urheberrecht und wer die Nutzungsrechte in welchem Umfang und mit welcher Gegenleistung besitzt.

Die Gemeinsinn-Werkstatt hat aber die Besonderheit, dass sie nicht das Wissen und die Erfahrung eines Autors beschreibt, sondern das eines wachsenden Netzwerks an Forschern, Praktikern und Entwicklern. Darüber hinaus ist der Gemeinsinn-Werkstatt-Baukasten auf Zukunftsfähigkeit angelegt und wächst mit den Erkenntnissen und Erfahrungen des Begleitnetzwerks. Auch wenn die Projektgelder die Produktionskosten abgedeckt hätten (vgl. zum Mehrwert bei Handbuch-Entwicklung Kapitel 4.2.3, → E423), erforderte der Anspruch, freiwilliges Engagement zu fördern und eine nachhaltige Arbeit des Begleitnetzwerks zu ermöglichen, angemessene Rechtsformen.

Auf der Suche nach einer geeigneten rechtlichen Absicherung von freiwilligem Engagement wurden die Entwickler nur im Software-Bereich fündig. So genannte »Open-Source-Programme« wie Linux erlauben es anderen Programmierern, auf den Entwicklungen der Vorgänger aufzubauen und sie für eigene Anwendungen zu nutzen (Copyleft-Prinzip). Im Gegenzug werden dann auch deren Programme der Allgemeinheit zur Verfügung gestellt oder zumindest die Quellen der Programmierung genannt. Auf der Grundlage solcher Open-Source-Programme wurden auch die Internetanwendungen des Forschungs- und Entwicklungsprojekts aufgebaut, wodurch der Aufwand der Programmierung begrenzt, Anschaffungskosten reduziert und die Anpassung auf spezifische Bedürfnisse ermöglicht wurden.

Diese Open-Source-Idee wurde zum Vorbild für die Text- und Methoden-Entwicklung des Begleitnetzwerks. »Open content« stand zwar als Schlagwort zur Verfügung, es gab jedoch kaum Anwendungsbeispiele. Eines der erfolgreichsten Projekte in diesem Zusammenhang ist eine Copyleft-Enzyklopädie (www.wikipedia.org), in der Benutzer eigene Begriffserklärungen eintragen, die von anderen überarbeitet und ergänzt werden können.

Diese Art der Entwicklung macht jedoch eine Vereinbarung im Vorfeld der Bearbeitung nötig, damit Urheberrechte gewahrt bzw. Texte offen zur Verfügung gestellt werden können.

> Die Open-Content-Lizenz des Gemeinsinn-Werkstatt-Baukastens regelt bei der Textentwicklung und -nutzung den offenen Zugang und die freie Verfügbarkeit von Texten und sichert andererseits den Autoren zu, dass ihre Entwicklungen nicht ohne ihre Zustimmung vermarktet oder inhaltlich verfälscht unter ihrem Namen weitergegeben werden.

Die Copyleft-Vereinbarung ist im Methodenbereich weltweit einmalig und hat für alle Beteiligten Pioniercharakter. Seit November 2003 wird die Open-Content-Lizenz von allen Nutzern und Entwicklern des Gemeinsinn-Werkstatt-Baukastens und der Baukasten-Entwicklungsplattform automatisch akzeptiert.

Interne Schreibwerkstätten als Katalysatoren

Die Programmierung der Baukasten-Entwicklungsplattform wurde im September 2003 rechtzeitig zum Realisierungsforum der Gemeinsinn-Werkstatt »Gemeinsinn begleiten« abgeschlossen und in einer »Schreibwerkstatt« dem Netzwerk präsentiert.

»Schreibwerkstätten« sind dafür gedacht, in unterschiedlichen Gruppengrößen Baukastenelemente für den Gemeinsinn-Werkstatt-Ansatz zu entwickeln. Dazu wird lediglich ein Raum benötigt, im Idealfall mit Internet-Anbindung, in dem sich durch eine einladende Atmosphäre, direkte Beratung vor Ort, Informationsmaterialien und Impuls gebende Anlässe Kreativität entfalten kann. Einzelne Beteiligte können dabei ebenso wie Gruppen ihr Wissen in die Entwicklungsplattform eingeben und von zu Hause aus weiter überarbeiten. Die Kommentierungsfunktion erlaubt es auch, Rückmeldung von anderen zu empfangen.

Nach anfänglichen Berührungsängsten mit der internetgestützten Plattform fand sie durch Schreibwerkstätten zunehmend Akzeptanz. Durch technische Unterstützung vor Ort und redaktionelle Hilfestellungen beim Umgang mit der Anwendung konnten sich viele Mitwirkende des Begleitnetzwerks einen sicheren Umgang mit der Plattform aneignen. Sie bewährte sich bislang vor allem bei denjenigen, die die Dokumentation von Gemeinsinn-Werkstatt-Modulen zur Aufgabe hatten.

WiKi-Plattform im internen Gemeinsinn-Werkstatt-Atelier

In der Endphase des Forschungs- und Entwicklungsprojekts feilte das Projektteam an einer Vereinbarung, die von allen Mitwirkenden des Begleitnetzwerks nicht nur eingesehen, sondern miterarbeitet werden konnte. Die bereits erwähnte »WiKi-Software« (z. B. Wikipedia) hilft bei der Erstellung von Texten und ermöglicht anderen Beteiligten eine direkte Überarbeitung des Beitrags. Jeder Arbeitsschritt wird namentlich gekennzeichnet, kann zurückverfolgt und damit transparent gemacht werden. Pro Text steht eine eigene Kommentierungsfunktion zur Verfügung. Zudem ermöglichen einfache Layoutfunktionen auch Links auf weitere interne wie externe Textseiten, Bilder oder Dokumente.

Auf diese Weise entstehen nach kurzer Einarbeitungszeit gemeinsam entwickelte und einfach zu bearbeitende Schriftstücke. Erforderlich dabei ist Vertrauen in den wertschätzenden Umgang mit den Texten durch andere Mitwirkende, eine Art Gemeinsinn-Training für die Nutzer dieser Plattform.

Die WiKi-Plattform wird inzwischen auch erfolgreich eingesetzt, um Ergebnisse von Aktionsteams vorzustellen und zu aktualisieren.

4.3.3 Öffentlichkeitsarbeit und Qualitätssicherung

Offener Standard bei der Weitergabe von Informationen

Eine grundlegende Strategie des Begleitnetzwerks wurde bereits durch die Open-Content-Lizenz deutlich: die freie Weitergabe von Informationen für alle. Es ist ein Teil dessen, was sich im Begleitnetzwerk »offener Standard« nennt.

Offener Standard heißt auch, dass die Wertschätzung geleisteter Arbeit in Gemeinsinn-Netzwerken nicht durch »Belobigung von übergeordneter Stelle«, sondern durch Transparenz der eigenen Beiträge entsteht. Wer einen Baustein entwickelt oder verbessert, wird nicht anonym vereinnahmt, sondern namentlich genannt. Wer Dienstleistungen anbietet, wird in der Kontaktbörse eingeladen, die gesammelten Erfahrungen und Kenntnisse darzustellen, damit Partner und Auftraggeber selbst entscheiden können, ob sie die Zusammenarbeit wollen. Wer eine Gemeinsinn-Werkstatt durchführt und dabei soziale Tarife veranschlagt, kann dies deutlich machen und muss es nicht als selbstverständlich für sich behalten. Wer die Struktur des Begleitnetzwerks unterstützt, setzt an passender Stelle seinen Namen ein und empfiehlt sich damit weiter.

Offenheit bei der Entwicklung bedeutet, Konflikte und unterschiedliche Meinungen transparent zu behandeln und mit eigenen Fehlern möglichst offen umzugehen, damit auch andere daraus lernen können. Positiv ausgedrückt, heißen die »Fehler« dann »Optimierungsmöglichkeiten«. Sie werden entsprechend als Empfehlungen für eine verbesserte Zukunft formuliert.

Qualitätssicherung und Qualitätsgremium

Die hohe Freiheit bei der Entwicklung ist mit dem Anspruch auf Qualität in Übereinstimmung zu bringen. Das Begleitnetzwerk hat wie jede Unternehmung das Ziel, die eigene Qualität zu sichern und damit einen guten Ruf auszubauen, der Außenstehende überzeugt und deren Interesse weckt. Qualität zieht Qualität an, dafür muss auch strukturell gesorgt werden.

Auf dem Realisierungsforum der Gemeinsinn-Werkstatt »Gemeinsinn begleiten« im September 2003 haben die Beteiligten drei Koordinierende bestimmt, die als Qualitätsgremium des Begleitnetzwerks fungieren. Die Beauftragten des Qualitätsgremiums werden in Zukunft von kooperierenden Institutionen des Begleitnetzwerks (u.a. Netzwerk Gemeinsinn e.V.) entsandt und während eines jährlich stattfindenden Netzwerkforums gewählt.

Als Beauftragte im Qualitätsgremium kommen Personen infrage, die das Begleitnetzwerk glaubwürdig repräsentieren können: Sie verfügen sowohl über fundierte Kenntnisse zum Gemeinsinn-Werkstatt-Verfahren als auch über Erfahrungen in den Bereichen Austausch, Vernetzung und Qualifizierung. Des Weiteren sind sie in der Lage, Konfliktsituationen konstruktiv und transparent zu bewältigen, zügig zur Klärung beizutragen und ihr Vorgehen zu begründen. Ihre Funktion erfordert eine hohe Akzeptanz bei den Kooperationspartnern innerhalb und außerhalb des Begleitnetzwerks.

Vorrangige Aufgabe des Qualitätsgremiums ist neben der Sicherung von Qualitätsstandards des Beteiligungsansatzes Gemeinsinn-Werkstatt die Außendarstellung des Begleitnetzwerks. Das Gremium unterstützt das Zusammenwirken von interner und externer Öffentlichkeit und kann im Bedarfsfall auch als Schiedsstelle für Entscheidungsprozesse angefragt werden.

Das Qualitätsgremium kann zur Unterstützung weitere Stellen einrichten und personell besetzen (z.B. Redaktion, Administration), arbeitet jedoch selbst ehrenamtlich bzw. im Rahmen der Trägerinstitution und legt bei den jährlichen Netzwerkforen Rechenschaft ab. Den Entscheidungsprozessen liegen das Leitbild des Begleitnetzwerks, die Gemeinsinn-Kriterien und die Qualitätsstandards des Qualitätsgremiums zugrunde.

Informationsstrategien zum Kennenlernen des Gemeinsinn-Ansatzes

Die aktuellsten Informationen sind über die virtuelle Gemeinsinn-Werkstatt-Galerie erhältlich: Termine, Kontaktbörse, Grundinformationen, Baukasten, Downloads usw. Speziell der Beteiligungsmarkt gibt Einblicke zu den neuen Entwicklungen im Begleitnetzwerk und berichtet über aktuelle Gemeinsinn-Werkstätten. Im regelmäßig erscheinenden Online-Infobrief sind die wichtigen Entwicklungen zusammengefasst. Er kann abonniert oder über den entsprechenden Link eingesehen werden.

Alle aktuellen Angebote wie Publikationen, Bücher, Broschüren, CDs, DVDs oder Videos sind entweder als Download in der Gemeinsinn-Werkstatt-Galerie erhältlich oder können bequem über ein Online-Bestellformular oder eine schriftliche Bestellung geordert werden.

Die bundesweit organisierten Regionaltreffen finden in der Regel am letzten Montag im Monat statt (MoMo) und bieten die Möglichkeit, das Begleitnetzwerk mit seinen Mitwirkenden sowie neue Kollegen kennen zu lernen. Auch hierzu gibt es Ankündigungen und Ergebnisse im virtuellen Beteiligungsmarkt.

Das Begleitnetzwerk ist auch mit Infoständen, Informationsvorträgen und Info-Workshops auf Messen, Fachtagungen und anderen Veranstaltungen präsent. Hierzu können Referenten eingeladen und Veranstaltungshinweise dem Terminkalender entnommen werden.

Des Weiteren stehen Interessierten verschiedene Veranstaltungsformate zur Verfügung, um sich über die Gemeinsinn-Werkstatt und weitere Ansätze des Begleitnetzwerks zu informieren. Das Angebot reicht von interaktiven Fachvorträgen für größere Gruppen über »Kennenlern-Workshops« für kleine und mittlere Gruppen (von drei Stunden bis zu drei Tagen) bis hin zu »Initiativ-Workshops«, »Impulsreferaten« und »Infoworkshops« (von zehn Minuten bis zu drei Tagen) für Initiativ- und Projektgruppen.

5 Der Ausblick: Möglichkeiten der Gemeinsinn-Werkstatt-Beteiligung

Der nachfolgende Ausblick fragt Leser des Leitfadens und Nutzer des Gemeinsinn-Werkstatt-Baukastens nach ihren Interessen bei der »Beteiligung übers Reden hinaus« und verweist auf konkrete Handlungsoptionen. Das Kapitel bietet

- eine Liste häufig gestellter Fragen (FAQ) zur »inhaltlichen Vertiefungen der Gemeinsinn-Werkstatt« (→ E51), mit Verweisen auf Baukasten-Elemente (Was?);
- eine checklistenartige Tabelle zu den internen wie externen »Beteiligungsoptionen in der Gemeinsinn-Werkstatt« (→ E52), die »Beteiligungsprofil« genannt wird (Wie?); und
- Hinweise zu »Beteiligten und Perspektiven im Begleitnetzwerk« (→ E53) mit einer Einladung zur Zusammenarbeit im Kontext der Gemeinsinn-Werkstatt (Wer?).

5.1 Inhaltliche Vertiefungen der Gemeinsinn-Werkstatt (Was?)

Fragen zum persönlichen Informationsstand

Je nachdem, ob der Leitfaden komplett oder nur quer gelesen wurde, mündliche Informationen oder eigene Erfahrungen mit der Gemeinsinn-Werkstatt bereits vorhanden sind, ergeben sich unterschiedliche weitere Fragestellungen für den Leser. Die folgenden Fragen bieten die Möglichkeit, den Kenntnisstand zur Gemeinsinn-Werkstatt zu überprüfen und den Schwerpunkt der eigenen Interessen herauszuarbeiten:

- Auf welche Weise haben Sie von der Gemeinsinn-Werkstatt gehört (z. B. telefonisch, im Info-Workshop, bei einem Informationsvortrag, von einem Kollegen)?
- Aus welchen schriftlichen und audiovisuellen Materialien haben Sie Ihre Informationen bezogen (z. B. Info-Faltblatt, Leitfaden, Internet)?

- Was hat Ihre besondere Aufmerksamkeit erregt bzw. Ihr Interesse geweckt?
- Was ist Ihnen bis zum jetzigen Zeitpunkt von der Gemeinsinn-Werkstatt in Erinnerung geblieben, und was haben Sie davon verstanden?
- Was haben Sie nicht verstanden? Was wollen Sie über den Beteiligungsansatz noch wissen?

Fragestellungen im Überblick (FAQ)

Im Internet hat sich das System der »Frequently Asked Questions« (FAQ) bewährt. Die Zusammenfassung häufig gestellter Fragen hilft dabei, sich zielgerichtet weiterinformieren zu können. Das System geht auf die unterschiedlichsten Fragestellungen ein und kann im Internet jederzeit ergänzt werden. Auch die Gemeinsinn-Werkstatt-Galerie auf www.gemeinsinn-werkstatt.de ist so strukturiert, dass sie den unterschiedlichen Anforderungen entspricht und eine schrittweise Vertiefung des Wissens ermöglicht.

Der folgende Fragenkatalog orientiert sich weitgehend an den Fragen, die bei Vorträgen, Workshops und Beratungsgesprächen immer wieder auftauchen. Er entspricht größtenteils den Einstiegsfragen zu Unterkapiteln dieses Leitfadens sowie den Fragestellungen in Kapitel 7, 8 und 9 (→ E7, E8, E9), die nur im Gemeinsinn-Werkstatt-Baukasten zu finden sind. Weitere Fragen können über info@gemeinsinn-werkstatt.de gestellt werden.

Fragen zur Projektpublikation allgemein

Warum und für wen ist die Publikation entstanden?	E02, E121, E42 E911
Was sind die Themen des Leitfadens im Überblick?	E01
Wie ist der Leitfaden aufgebaut und zu nutzen?	E02, E03
Wie ist der Baukasten mit seinen Elementen unterteilt?	E03, E613
Was sind inhaltliche Fragen, die vertieft werden können?	E51
Wer war an der Entwicklung beteiligt, und wer kann hinzukommen?	E53
Welche Grundidee steht hinter der Baukasten-Struktur?	E432, E611
Wie kann der Gemeinsinn-Werkstatt-Baukasten optimal genutzt werden?	E612

Wo gibt es einen Überblick zu Quellen, Publikationen, Abbildungen und Tabellen?	E62
Wo werden Begriffe und Abkürzungen erläutert und auf entsprechende Textstellen verwiesen?	E63

Fragen zur Dimension der Gemeinsinn-Grundlagen

Was meint »Beteiligung übers Reden hinaus«?	E11
Was heißt »partnerschaftliche Partizipation«?	E113, E122
Was bedeutet »freiwilliges Engagement«?	E211, E412
Wodurch entsteht Beteiligung an Gemeinsinn-Prozessen? Was kann gemeinsinnige Beteiligung bewirken? Was ist das Ziel der Gestaltung eines Beteiligungsprozesses?	E023, E11
Wie lässt sich der Ansatz mit kurzen Worten beschreiben? Welche Dimensionen beinhaltet eine Gemeinsinn-Werkstatt?	E13
Was bedeutet »Gemeinsinn«? Welche Ideen und Vorstellungen stehen dahinter?	E02, E113, E71
Wovon geht die Gemeinsinn-Werkstatt aus? Welche philosophischen Überlegungen stehen hinter den Gedanken von Relativität, positiver Ausrichtung und Balance?	E711
Was ist »Relativität«? Wodurch entscheiden sich gut oder schlecht? Woher kommt diese Urteilsfähigkeit, und wer darf sie beanspruchen? Was tun, wenn sich Bewertungen widersprechen?	E711
Was heißt »positive Ausrichtung«? Wie entstehen Kontakte zu anderen Menschen? Wodurch entwickelt sich eine Gesprächsbasis? Wann werden negative Aspekte angesprochen?	E221, E711
Was führt zur »Balance«? Was bedeutet Ausgeglichenheit und Balance? Wie wird mit Diskrepanz, Dilemmata und Konflikten umgegangen? Wodurch entsteht Wohlgefühl?	E222, E711
Wofür setzt sich der Gemeinsinn-Ansatz ein? Welche grundsätzlichen Strategien stehen hinter den Konzepten der Motivation, Beteiligung und Gestaltung?	E212, E712
Durch was entsteht eigene Motivation? Wodurch können andere motiviert werden? Wie entsteht intrinsische Motivation? Wie wirkt sich Motivation auf die Entstehung von Gemeinsinn aus?	E211, E712
Was ist die »Motivationsformel«? Was sagt der Motivationsquotient aus? Wie lässt sich der Motivationsmix im Alltag veranschaulichen?	E213, E712
Wodurch unterscheidet sich »sinnorientiertes« von »zweckorientiertem« Handeln? Welchen Einfluss nimmt der soziale Kontext auf die Motivation?	E212, E732

Wie wird »Beteiligung« verstanden? Wann ist Beteiligung anderer überhaupt sinnvoll? Wie kann das ganze System in den Raum geholt werden? Wie kann mit der entstehenden Dynamik umgegangen werden?	E11, E12, E712
Wer zählt bei Gemeinsinn-Werkstätten zu den Gewinnern? Was bedeutet der »Win-Win-Win-Effekt« bzw. »Triple-Win-Effekt«?	E222, E712
Womit arbeitet die Gemeinsinn-Werkstatt prinzipiell? Welche Handwerkskunst steht hinter den Konzepten der sozialen Vernetzung, Prozessrhythmus und Begleitung?	E31, E713
Wodurch wird soziale Vernetzung gefördert? Durch welche Räume wird zur sozialen Vernetzung beigetragen? Was steigert den Vernetzungsgrad?	E131, E31, E713
Wie entsteht der »Prozessrhythmus«? Wie ist dem Auf und Ab im Leben zu begegnen? Was schafft Abwechslung und Ausgleich? Wie werden Prozesse an individuelle Rhythmen angeglichen?	E311, E713
Was bedeutet »Nachhaltigkeit«, und wie wird »Nachhaltigkeit« erreicht?	E112, E113, E422
Welche Funktion hat »Begleitung«? Was bedeuten Beratung, Moderation und Evaluation für den Phasenverlauf? Wodurch werden Entwicklungsprozesse inspiriert? Welche Haltung nimmt ein Begleitender ein?	E223, E713
Was wird unter »Partnerschaftlicher Prozessbegleitung« verstanden? Wer begleitet wen während des Prozesses?	E223, E311
Mit welchen Methodenansätzen arbeitet die Gemeinsinn-Werkstatt? Was steht hinter den Konzepten des Themenfokus, der Gestaltungsoptionen und der Rollenverteilung?	E72
Was ist ein »brennendes Anliegen«? Wer wird davon überhaupt angesprochen? Wie lässt es sich anderen vermitteln, damit sie sich beteiligen?	E111, E721
Wie wird »Wertschätzung« verstanden? Welche Wirkung hat achtsamer Umgang aufeinander? Warum fördert ein wertschätzender Fokus Gemeinsinn? Wie kommen Wertschätzung und positive Entwicklung in der Praxis zum Tragen?	E221, E721
Warum lohnt es sich, Dinge zu reflektieren und zu dokumentieren? Wie kann aus Erfolgen und wie aus Fehlern gelernt werden? Welche Ebenen der Reflexion können unterschieden werden?	E223, E721
Was wird unter »Marktprinzip« verstanden? Was wird mit einem Markt in Verbindung gebracht? Wer kann dort in Beziehung treten und sich austauschen? Wie entsteht dort eine Atmosphäre von Freiheit und Verbundenheit?	E222, E722
Was hat es mit der »potenzierten Drei« auf sich? Wie werden Gruppengrößen eingeteilt?	E222
Was heißt »Selbstorganisation«? Unter welchen Voraussetzungen findet Selbstorganisation statt?	E222, E223

Woran orientieren sich Mitwirkende der Gemeinsinn-Werkstatt? Welche Orientierungshilfen stehen Mitwirkenden in Gemeinsinn-Werkstätten zur Verfügung?	E23, E73
Was sind Gemeinsinn-Kriterien, und wie werden sie eingesetzt?	E212, E231, E732
Welche Funktion haben Begleitfragen? Wie wirken sich Fragen von anderen aus? Welche Fragen schaffen eine offene Atmosphäre? Was können Fragen bewirken?	E223, E723
Unter welchen Rahmenbedingungen funktioniert eine Gemeinsinn-Werkstatt optimal? Welche Empfehlungen erleichtern den Start einer Gemeinsinn-Werkstatt?	E013, E233, E731
Auf welche Anforderungen kann die Gemeinsinn-Werkstatt reagieren? Wann ist das Verfahren sinnvoll einsetzbar? Welche Erfordernisse und Einsatzempfehlungen gibt es?	E023, E233, E731
Welche Ziele will die Gemeinsinn-Werkstatt erreichen? Wie lassen sich die wesentlichen Zielsetzungen zusammenfassen? Was sind die Gemeinsinn-Kriterien, Affirmationen und Leitsätze einer Gemeinsinn-Werkstatt?	E231, E732
Was sind Unterscheidungsmerkmale zu anderen Verfahren? Was zeichnet die Gemeinsinn-Grundlagen, das Projektverfahren und das Begleitnetzwerk der Gemeinsinn-Werkstatt aus?	E02, E733

Fragen zur Dimension des Projektverfahrens

Warum sind Methoden wichtig? Welche Anforderungen müssen Beteiligungsmethoden erfüllen? Was können moderne Beteiligungsverfahren leisten?	E12
Welche Ziele verfolgt das Projektverfahren?	E311, E80
Wie entsteht ein Gleichgewicht zwischen Struktur und Freiraum?	E312, E711
Wie wird mit Komplexität umgegangen?	E123, E313, E412
In welchen Teilschritten verläuft das Projektverfahren?	E321, E332, E333
Wie funktioniert das Beteiligungsverfahren in der Praxis? Wie läuft eine Gemeinsinn-Werkstatt in der Praxis ab?	E132, E322, E413, E42
Welche Ziele verfolgt das schrittweise Vorgehen der Gemeinsinn-Werkstatt?	E323
Wie wird bei der zeitlichen Gestaltung von Prozessen vorgegangen? Was strukturiert den Prozess einer Gemeinsinn-Werkstatt? Wer gibt den Rhythmus vor?	E331, E722

Aus welchen Beteiligungsschritten verläuft das Projektverfahren? Welche zeitliche Struktur weist das Projektverfahren auf, und wann kommen Phasenpläne zur Anwendung?	E321, E331
Wie sind Phasenpläne des Gemeinsinn-Projektverfahrens aufgebaut? Was kann mit Phasenplänen und Meilensteinen bewirkt werden? Wie werden Phasenpläne zum Nutzen der Dynamik eingesetzt?	E331, E81
Wie sind Aufgaben untergliedert? Was sind Aufgabenprofile, -bereiche und -felder? Wobei können Aufgabenprofile nützlich sein? Wie werden Aufgabenprofile zur Strukturierung eingesetzt?	E332, E423, E723, E82
Wann funktioniert Aufgabenteilung am besten? Wie sieht das Delegationssystem der Gemeinsinn-Werkstatt aus? Was macht Aufgabenverteilung sinnvoll? Wie werden Aufgaben an andere delegiert? Wann wird Delegation als angenehm empfunden?	E332, E723
Wie funktioniert der »Baukasten-Ansatz«? Wie wird ein Prozess flexibel und bedürfnisorientiert aufrechterhalten? Wer kann Optionen bereitstellen, ohne selbst alles können zu müssen? Wodurch entstehen methodische Wahlfreiheit und Entwicklungsmöglichkeit?	E03, E611, E722
Wie können Bausteine des Methoden-Baukastens die Umsetzung von Gemeinsinn-Projekten unterstützen? Wie sind Bausteine der Gemeinsinn-Werkstatt aufgebaut? Wofür können die einzelnen Bausteine dienen? Wie werden Bausteine im Entwicklungsverlauf eingesetzt?	E333, E83

Fragen zur Dimension des Begleitnetzwerks

Wie ist das Begleitnetzwerk der Gemeinsinn-Werkstatt entstanden? Was sind die praktischen Erfahrungen aus dieser Vernetzungsarbeit? Wie vernetzen sich Begleitende von Gemeinsinn-Werkstätten? Wie ist der aktuelle Stand des Begleitnetzwerks?	E023, E421, E91
Wodurch unterscheiden sich Gemeinsinn-Netzwerke und Begleitnetzwerk von anderen sozialen Netzen? Wie wird ein Netzwerk erfolgreich, und was macht Vernetzung attraktiv? Was sind Voraussetzungen für sinnorientierte Vernetzung?	E411, E92
Auf welche Weise werden die unterschiedlichen Hintergründe der an Gemeinsinn-Netzwerken Mitwirkenden berücksichtigt?	E412, E92
Welche drei Arten von Gemeinsinn-Netzwerken gibt es?	E412
Welche Funktion kommt Projekten in bestehenden sozialen Netzwerken zu?	E413, E922
Was sind Gemeinsinn-Netzwerk-Ebenen?	E413, E913

Wie entstehen nachhaltige Strukturen aus einer Gemeinsinn-Werkstatt?	E422, E923, E931
Wie funktionieren Austausch, Vernetzung und Qualifizierung im Begleitnetzwerk?	E423, E931
Wie sehen konkrete Beteiligungsoptionen beim Begleitnetzwerk aus?	E52, E53
Wie ist das Begleitnetzwerk der Gemeinsinn-Werkstatt konzipiert? Wie funktioniert die interne Zusammenarbeit der Mitwirkenden? Welche externen Angebote gibt es für Interessierte?	E423, E93
Welche Leistungen bietet das Begleitnetzwerk an? Was bietet das Begleitnetzwerk im Rahmen seiner Öffentlichkeitsarbeit an?	E433, E933
Was sind Aktivitätszentren und Knotenpunkte?	E423, E931
Worin unterscheidet sich das Begleitkonzept von anderen Formen der methodischen Begleitung?	E431, E733, E932
Welche Bildungsangebote gibt es über das Begleitnetzwerk?	E431, E933
Wie funktioniert die Aufteilung des Netzwerks in externe und interne Bereiche?	E423, E431, E432, E931
Wie funktioniert die Beteiligungsplattform nach offenem Standard? Wie funktionieren die Open-Content-Lizenz und das Copyleft-Verfahren?	E432

5.2 Beteiligungsoptionen in der Gemeinsinn-Werkstatt (Wie?)

Fragen zum persönlichen Erfahrungspotenzial

Mit Beteiligungsprozessen hat wohl jeder Leser bereits eine Vielzahl von Erfahrungen machen können, und das wertschätzende Interview in Kapitel 2.2.1 (→ E221) bietet die Möglichkeit, eigene Stärken und positive Erfahrungen zur »Beteiligung übers Reden hinaus« festzustellen. Vor Kontaktaufnahme mit dem Begleitnetzwerk ist es jedenfalls lohnenswert, eigene Erfahrungen mit Beteiligungsprozessen, freiwilligem Engagement und Großgruppenverfahren zu rekapitulieren.

Dazu einige einfache Fragestellungen zur persönlichen Einschätzung eigener Beteiligungsinteressen:

- Welche Erfahrungen mit Beteiligungsprozessen und Gemeinsinn-Werkstätten haben Sie bereits machen können? Gibt es darüber hinaus eigene Erfahrungen mit Großgruppen?
- Was hat Sie bei diesen Beteiligungsprozessen besonders beeindruckt und angezogen? Was hat Sie damals irritiert und Fragen aufgeworfen?
- Auf welche Erfahrungen, Fähigkeiten und Kenntnisse haben Sie sich dabei gestützt? Welche Kenntnisse haben damals noch gefehlt?

- Gibt es konkrete Beteiligungsinteressen, die Sie in Bezug auf die Gemeinsinn-Werkstatt haben? Möchten Sie zurzeit Beteiligungsprozesse lieber selbst begleiten (Beteiligung beim Begleitnetzwerk) oder eher begleitet werden (Anfrage der Unterstützung durch das Begleitnetzwerk)?
- In welchem Kontext möchten Sie sich gerne beteiligen? Welche Aufgabenbereiche und Aufgabenfelder, Netzwerkbereiche und Netzwerkfelder interessieren Sie am meisten?

Beteiligungsprofil

Die Beteiligung im Gemeinsinn-Werkstatt-Kontext ist auf zwei Arten möglich:
- Durchführung bzw. Beteiligung bei einem Gemeinsinn-Projektverfahren zu einem bestimmten Thema, das für Sie von Interesse ist.
- Beteiligung am Begleitnetzwerk der Gemeinsinn-Werkstatt, das sich auf die methodische Förderung von Gemeinsinn und Beteiligung übers Reden hinaus konzentriert.

Im ersten Fall wird zunächst das Thema zu finden sein bzw. ein Gemeinsinn-Netzwerk, das ein interessantes Thema behandelt bzw. behandeln möchte. Innerhalb einer allgemeineren Perspektive (z. B. Stadtteilentwicklung im Kiez) kann sich dann das eigene Unterthema, das persönliche Anliegen herauskristallisieren (z. B. Verbesserung des Umfelds meiner Kinder). Im Weiteren werden Aktionen entstehen (z. B. Schulhofbegrünung), in denen die Aufgabenbereiche (z. B. Beteiligung) und -felder (z. B. Kommunikation mit Rektorat, Schülern, Elternvertretern, Öffentlichkeit) ausgewählt werden, in denen man viel Erfahrung hat (z. B. Kontakte zu anderen Eltern) oder auch weitere Erfahrung sammeln möchte (z. B. Öffentlichkeitsarbeit). Entsprechend kommt es in diesen Aufgabenfeldern zur Koordination oder Mitwirkung bzw. bleibt es bei einem allgemeinen Interesse.

Im zweiten Fall ist die gemeinsame Perspektive bereits vorgegeben (methodische Förderung von Gemeinsinn). Es ist zu überlegen, auf welche Weise man selbst Beteiligungsverfahren fördern möchte. Geht es eher um Austausch, Vernetzung oder Qualifizierung? Möchte man sich in allen drei Bereichen einbringen? Und wenn ja, welches Ziel steckt man sich, und wie weit ist man bereits im Begleitnetzwerk aktiv?

Tabelle 5: Beteiligungsprofil Gemeinsinn-Werkstatt

	Gemeinsinn-Netzwerk **Beteiligung am Projektverfahren der Gemeinsinn-Werkstatt**			**Begleitnetzwerk** **Beteiligung an der Methodenentwicklung der Gemeinsinn-Werkstatt**			
Perspektive (Hauptthema)				methodische Förderung von Gemeinsinn und Beteiligung übers Reden hinaus			**Strategieziel** (Hauptthema)
Anliegen (Unterthema)							**Teilziel** (Unterthema)
Zeitrahmen							**Zeitraum**
Beteiligungsebenen	**Interesse**	**Mitwirkung**	**Koordination**	**Interesse**	**Mitwirkung**	**Koordination**	**Beteiligungsebenen**
Aufgabenbereiche und -felder	**(Wollen)**	**(+ Mögen)**	**(+ Können)**	**(Austausch)**	**(Vernetzung)**	**(Qualifizierung)**	**Netzwerkbereiche und -felder**
Thema							**Strategie**
T10: Entscheidung							Entscheidung (Netzwerkplanung und Akquise)
T20: Kommunikation							Kommunikation (interne und externe Foren)
T30: Dokumentation							Dokumentation (interne und externe Publikationen)

Organisation								**Struktur**
O10: Finanzierung								Finanzierung (interne und externe Gegenleistung)
O20: Versorgung								Versorgung (interne und externe Infrastruktur)
O30: Gestaltung								Gestaltung (interne und externe Plattformen)
Methode								**Kultur**
M10: Beratung								Beratung (interne und externe Orientierung)
M20: Evaluation								Evaluation (interne und externe Reflexion)
M30: Moderation								Moderation (interne und externe Bildung)

Das Beteiligungsprofil der Gemeinsinn-Werkstatt ist eine gute Möglichkeit, die eigenen Beteiligungsinteressen zu klären. Dazu wurde ein Raster (vgl. Tabelle 4) entworfen, das ganz nach Belieben genutzt werden kann.

Sie können das Beteiligungsprofil kopieren oder ausdrucken (→ U020) und dann

- eigene Erfahrungen in den verschiedenen Feldern notieren, die Sie bereits gemacht haben oder gerne machen würden;
- Personen und Institutionen hineinschreiben, die Sie kennen gelernt haben oder gerne kennen lernen möchten;
- Ziele beschreiben, die Sie bei Ihrem eigenen Beteiligungsprozess bereits erreicht haben, und jene, die sie noch erreichen wollen;
- Aussagen anderer Kontaktpersonen eintragen, die Sie durch ein Wertschätzendes Interview herausgefunden haben, um sie mit Ihren eigenen nach Übereinstimmungen und Ergänzungen zu vergleichen;
- bei einer Gemeinsinn-Werkstatt im Abstimmungsprozess mit anderen Namen von Personen notieren, die sich beteiligen wollen, mitwirken möchten und koordinieren könnten;
- bei Absprachen im Begleitnetzwerk (z. B. im Netzwerkforum oder bei einer Einzelaktion) sich oder andere Kontaktpersonen in Netzwerkbereiche und -felder eintragen.

Das Beteiligungsprofil kann auch im Gruppenkontext (z. B. bei der Aufgabendelegation) auf großformatigen Plakaten oder im Internet für eine Übersicht zur allgemeinen Aufgabenverteilung benutzt werden.

> Die vielseitige Verwendbarkeit des Beteiligungsprofils dient dazu, Prozesse für alle Beteiligten – und wenn gewollt auch für Außenstehende – transparent zu machen.

Beteiligungsprofile im Internet

Das Beteiligungsprofil im internen Gemeinsinn-Werkstatt-Atelier kann genutzt werden, um eigene Fähigkeiten und Interessen zu präsentieren und die Optionen zur Mitarbeit bzw. Kooperation deutlich zu machen. Dadurch erhöht sich die innere Vernetzungsfähigkeit des Begleitnetzwerks; Anlässe zur Kontaktaufnahme entstehen.

Beispiel Hospitanzangebot
Wer sich beispielsweise für die Hospitation bei einer Gemeinsinn-Werkstatt interessiert, kann dieses Interesse im Gemeinsinn-Werkstatt-Atelier weiter konkretisieren. Sucht jemand Hospitanten für die eigene Gemeinsinn-Werkstatt, wird die Suche durch das Raster und die schnellere Auffindbarkeit passender Angebote erleichtert.

In der externen Gemeinsinn-Werkstatt-Galerie können Beteiligungsprofile mit entsprechenden Kontaktbausteinen der Werbung in eigener Sache dienen und damit interne Angebote und externe Nachfrage in Übereinstimmung bringen. Personen und Institutionen können dort Informationen weitergeben, die die Gemeinsinn-Werkstatt betreffen.

Beispiel Initiativanfrage
Wenn ein Initiator z. B. im Aufgabenfeld Beratung einen kompetenten Begleitenden sucht und ein Mitwirkender des Begleitnetzwerks seine Koordination im Aufgabenfeld Beratung anbietet, kommt es eventuell zur passenden Ergänzung. Die Vertiefung des Kontakts durch weitere Informationen zur Person (Kontaktbaustein), E-Mail-Anfragen, Telefonate und direkte Gespräche auf Regionaltreffen und Netzwerkforen sind dann leichter möglich.

5.3 Beteiligte und Perspektiven des Begleitnetzwerks (Wer?)

Suche nach Kooperationspartnern

Das Begleitnetzwerk ist am 1. Juli 2004 in eine neue Phase getreten (vgl. Implementationsphase in Kapitel 4.2.1, → E421), die auf Verbreitung und Wachstum ausgelegt ist. Die bisher Verantwortlichen des Forschungs- und Entwicklungsprojekts laden deshalb Personen und Institutionen ein, sich als Kooperationspartner auf unterschiedlichen Ebenen zu betätigen:
- Beteiligung in Aufgabenfeldern und bei Teilaufgaben des Begleitnetzwerks, von der Web-Redaktion über die Veranstaltungsorganisation bis hin zur Bereichskoordination
- wissenschaftliche Forschung und theoretisch-praktischer Austausch zu Verfahrensfragen aus soziologischem, psychologischem, pädagogischem und betriebswirtschaftlichem Hintergrund

- Mitgliedschaft bei Netzwerk-Gemeinsinn e.V. zur Förderung bürgerschaftlichen Engagements durch Methoden und Verfahren
- Akquisition und Vermittlung von Aufträgen für das Begleitnetzwerk, die über ein Provisions- und Vermittlungssystem den Aufbau der internen Netzwerk-Arbeit mittragen helfen
- Co-Finanzierung bestimmter Teilbereiche zur Implementierung der Methoden, Aufrechterhaltung der Infrastruktur, Unterstützung weiterer Forschung und zur Bereitstellung von Materialien

Es gibt sicher auch andere Formen der Beteiligung im Sinne des Win-Win-Win-Prinzips.

> Wer sich auf diese experimentierfreudige Zusammenarbeit einlassen möchte, eine Struktur mit entwickeln will, die von Gemeinsinn getragen ist und auf den bisherigen Erfahrungen aufbaut, ist jederzeit willkommen.

Beteiligte an der Entwicklung des Gemeinsinn-Werkstatt-Baukastens

Im Verlauf der vierjährigen Projektlaufzeit haben sich auf unterschiedlichen Ebenen Hunderte von Menschen und mehrere Institutionen aktiv um die Forschung und Entwicklung des Beteiligungsverfahrens Gemeinsinn-Werkstatt gekümmert. Einige der direkt an der Entwicklung beteiligten Kolleginnen und Kollegen sind zumindest namentlich genannt und haben sich selbst im Gemeinsinn-Werkstatt-Baukasten etwas ausführlicher vorgestellt (→ N007). Wer die aktuellen Begleitenden der Gemeinsinn-Werkstatt kennen lernen möchte, kann in der Gemeinsinn-Werkstatt-Galerie auf www.gemeinsinn-werkstatt.de Kontaktbausteine einsehen.

Hier sind auf Funktionsebene und in chronologischer Reihenfolge die wichtigsten Impulsgeber und Partner bei der Entwicklung des Verfahrens aufgeführt:

- *Initiatoren des Forschungs- und Entwicklungsprojekts:* Reinhard Mohn und Prof. Dr. Dr. h. c. mult. Heribert Meffert (Bertelsmann Stiftung), Prof. Dr. Dr. h. c. Werner Weidenfeld (Centrum für angewandte Politikforschung)
- *Projektverantwortliche:* Ulrich Kober und Michael Seberich (Bertelsmann Stiftung), Wolfgang Fänderl (Centrum für angewandte Politikforschung)
- *interne Projektpartner C·A·P:* Josef Janning, Susanne Ulrich, Florian Wenzel, Eva Feldmann
- *Mitarbeiter Forschungs- und Entwicklungsprojekt (in erster Linie beruflich):* Max Schimmel, Anne Krepkowski, Irina Roth, Thomas Krepkowski, Mar-

lis Friedl, Nikolaus Hollermeier, Gabriele Ketterle, Philipp Rühle, Andreas Bärnreuther, Carsten Schmitz, Claudia Lehner, Iris Rabener, Michael Schmidt, Rudolf J. Gajdacz, Tobias Schall, Sigrid Wieland

- *Kooperationspartner (in erster Linie ehrenamtlich):* Fritz Letsch, Dr. Christian Boeser, Zoltan A. Gal, Michael Pannwitz jr., Monia Ben-Larbi, Hubert Schiefer, Ilse Debler-Grant, Anita Keller, Raban D. Fuhrmann, Dr. Helmut Volkmann, Nicolai v. Ertzdorff, Iris Rabener, Ute und Malte Detlefsen, Friederike Bliss, Fritz Walter, Traudl Wöhlke, Christian Brennholt, Sarah Keller, Stephan Mante, Peter Pfaff
- *Kooperationspartner von Institutionen:* Michael Scherrmann (Evangelische Akademie Bad Boll), Michaela Pichlbauer und Werner Fröhlich (Sozialwissenschaftliches Institut München), Nicolai von Erzdorff (Netzwerk Gemeinsinn e.V.), Berit Nissen (Deutsches Kinderhilfswerk Berlin), Heiner Keupp (Sozialpsychologischer Lehrstuhl Ludwig-Maximilians-Universität München).

Kontakt:
Bertelsmann Stiftung
Carl-Bertelsmann-Str. 256
33311 Gütersloh
Tel.: (0 52 41) 81-8 13 13
Fax: (0 52 41) 81-68 13 13

Centrum für angewandte Politikforschung
Maria-Theresia-Str. 21
81675 München
Tel.: (0 89) 21 80-13 00
Fax: (0 89) 21 80-58 50

E-Mail: *info@gemeinsinn-werkstatt.de*
Web: *www.gemeinsinn-werkstatt.de*

6 Der Seitenblick: Anhang und Informationen am Rande

Parallel zu den bisherigen Kapiteln bietet Kapitel 6 wichtige Begleitinformationen. Zusammengestellt wurden:

- die »Bedienungsanleitung Gemeinsinn-Werkstatt-Baukasten« (→ E61), um einen Überblick zur Detailgliederung sowie technische und methodische Hinweise zur Anwendung zu geben
- »Quellenangaben und Publikationshinweise« (→ E62) und ein Verzeichnis der Abbildungen und Tabellen des Leitfadens
- das »Glossar und Abkürzungsverzeichnis« (→ E63), in dem Kernbegriffe und Abkürzungen der Gemeinsinn-Werkstatt erläutert werden und auf Textstellen im Leitfaden bzw. Gemeinsinn-Werkstatt-Baukasten verwiesen wird

6.1 Bedienungsanleitung Gemeinsinn-Werkstatt-Baukasten

Leitfragen dieses Unterkapitels sind:

- Welche Grundidee steht hinter der Baukasten-Struktur?
- Wie kann der Gemeinsinn-Werkstatt-Baukasten optimal genutzt werden?
- Wie ist der Baukasten mit seinen Elementen unterteilt?

6.1.1 Dynamik des Gemeinsinn-Werkstatt-Baukastens

Grundidee

Wer als Kind mit »Baukästen« (ob Chemie-, Lego-, Fischertechnik- oder Modellbaukasten) gespielt hat, wird sich daran erinnern, dass Spaß nicht so sehr beim Nachbauen von vorgegebenen Mustern entstand, sondern vor allem beim Selbstgestalten. Das Resultat hing zum einen von den im Baukasten enthaltenen Plänen und Bausätzen ab, zum anderen von der eigenen Kreativität, dem eigenen Können und eigenen Materialien. So entstand bei der Ausgestaltung des technischen Gerippes dann etwas ganz Neues und etwas ganz Eigenes.

Nach dem gleichen Prinzip funktioniert auch der Gemeinsinn-Werkstatt-Baukasten, eine moderne Form des Wissensmanagements. Die angebotenen Informationen, Phasenpläne, Aufgabenprofile und weiterführenden Bausteine zur methodischen Ausgestaltung eines Beteiligungsprozesses wollen Wissen, Kreativität und Können ergänzen und bereichern, nicht bevormunden. Die Baukastenelemente bauen aufeinander auf und passen konzeptionell und begrifflich zueinander. Durch kreative Abwandlungen und individuell gestaltete Zusätze der Beteiligten erhalten sie ihre Lebendigkeit und ihren Charme.

Abbildung 14: Dynamik des Handbuchaufbaus und der Kapitelfolge

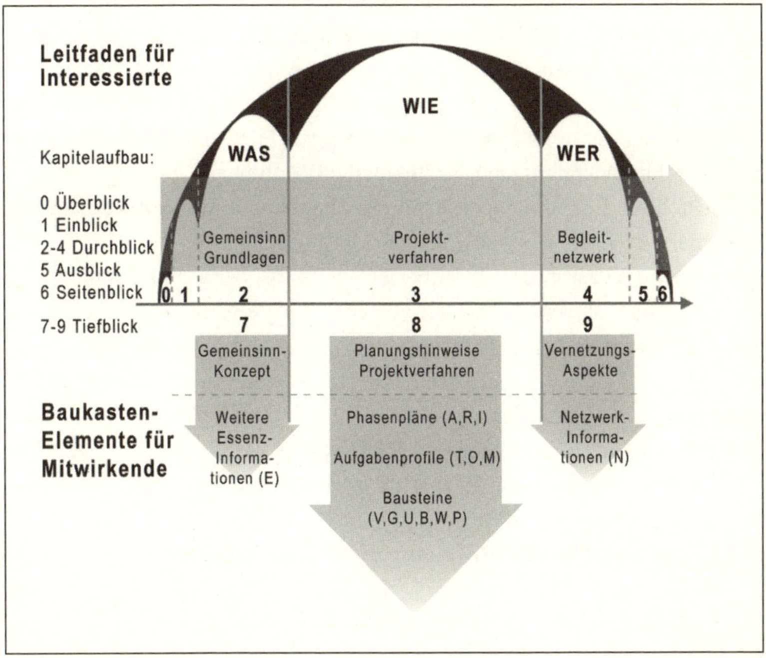

Aufbau des Baukastens

Ähnlich wie bei klassischen Baukästen ist zunächst eine Verpackung zu sehen, auf der das Endprodukt und die Inhalte aufgedruckt sind (Überblick). Beim Öffnen dieser Verpackung findet sich eine Kurzbeschreibung des Inhalts und der anstehenden Arbeitsschritte (Einblick). Eine Bauanleitung (Durchblick) richtet sich an jene, die das Modell umsetzen wollen. Und eine Vielzahl von Bausteinen und Zusatzinformationen (Tiefblick) helfen beim Konkretisieren des Bauvorhabens. Für Fragen, Reklamationen oder Nachbestellungen gibt es einen Garantieschein mit entsprechenden Kontaktadressen (Seitenblick und Ausblick).

Bis auf den »Tiefblick« sind die unterschiedlichen Blickwinkel im Leitfaden bereits zu finden. Die Grundidee dahinter ist ein Aufbau ähnlich einer Gemeinsinn-Werkstatt gewesen, damit sich Interessierte die Grundinformationen und speziellen Fragestellungen schrittweise aneignen können. Kapitel 6.1 gibt Mitwirkenden die Möglichkeit, Fragen zum Was, Wie und Wer der Gemeinsinn-Werkstatt mit Baukastenelementen gezielt zu vertiefen.

Wer mehr über die Inhalte (Was) der »Gemeinsinn-Grundlagen« (Kapitel 2, → E2) erfahren möchte, kann in Kapitel 7 (→ E7) über Strategie, Philosophie, Handwerk sowie Methodenansätze und Zielsetzungen des Gemeinsinn-Konzepts lesen. Darüber hinaus gibt es weitere »Essenz-Informationen« (→ E000), die inhaltliche Orientierung geben können: theoretische Positionierung, Leitsätze für unterschiedliche Zielgruppen, Hintergrundinformationen, theoretische Abhandlungen oder Begriffsbestimmungen.

Methodisch Interessierte (Wie) können die Grundinformationen zum Projektverfahren (Kapitel 3, → E3) vertiefen und in Kapitel 8 (→ E8) weitere Planungshinweise zur prozessorientierten Projektbegleitung erhalten. Hierzu passend gibt es die erwähnten Phasenpläne und Aufgabenprofile, mit einer Vielzahl unterschiedlicher Bausteine.

Begleitende, die an Gemeinsinn- wie Begleitnetzwerk (Kapitel 4, → E4) und am Thema Vernetzung allgemein Interesse haben (Wer), können auf Kapitel 9, »Vernetzungsprozesse« (→ E9), zurückgreifen.

6.1.2 Verwendung für unterschiedliche Nutzergruppen

Technische Hinweise

Der Gemeinsinn-Werkstatt-Baukasten befindet sich auf der beigelegten CD-ROM sowie als Anwendung im Internet in der Gemeinsinn-Werkstatt-Galerie auf www.gemeinsinn-werkstatt.de. Die Texte und Abbildungen werden mit einem Flash-Programm auf dem Computer-Bildschirm präsentiert. PDF-Dateien erlauben den komfortablen Ausdruck auf A4-Papier.

Zur Anwendung wird ein Browser ab Version 5 benötigt sowie ein PC mit mindestens Intel Pentium II 266 MHz Computer (oder kompatiblem Prozessor) mit 64 MB Hauptspeicher und einem Betriebssystem ab Windows 98 SE von Microsoft. Das Flash-Plugin kann über www.macromedia.com, der Acrobat Reader über www.adobe.de oder die beiliegende CD automatisch heruntergeladen und installiert werden. Um mit dem Baukasten im Internet zu arbeiten, ist ein ISDN- oder DSL-Anschluss zu empfehlen.

Die Anwendung des Baukastens ist weitestgehend selbst erklärend. Dennoch gibt es unterschiedliche Nutzergruppen, denen hier einige kurze Hinweise gegeben werden.

Erstnutzer/Interessierte/Beteiligte

Wer zum ersten Mal die CD einlegt oder in der Gemeinsinn-Werkstatt-Galerie auf den Baukasten klickt, bekommt sowohl die Download-Möglichkeit der Präsentations-Programme angezeigt als auch den Hinweis auf die Akzeptanz der Open-Content-Lizenz. Diese Lizenzvereinbarung kann aufgerufen und durchgelesen werden, vor allem, wenn Dateien weitergegeben und verändert werden wollen (vgl. Kapitel 4.3.2, → E432).

Wer auf »Anwendung starten« klickt, wird im Zentrum die Grafik des Gemeinsinn-Werkstatt-Baukastens wiedererkennen. Wer mit der Maus über die Begriffe der Navigationsgrafik fährt, erhält kurze Erläuterungen (Mouseover-Texte), die beim Auffinden der gewünschten Bereiche helfen. Hinweise und ein Überblick zum jeweiligen Bereich befinden sich im Text auf der rechten Seite. Links sind wie Überschriften fett markiert und können erst beim »Mouseover-Kontakt« (Wechsel der Farbe) als solche erkannt und angeklickt werden. Sie leiten dann an interne Seiten des Baukastens weiter; in einigen Fällen (z. B. Website-Bausteine) wird bei vernetztem Computer auf Internetseiten verlinkt (vgl. Abbildung 1, → E03: Screenshot Gemeinsinn-Werkstatt-Baukasten).

In der obersten Leiste befindet sich das Gemeinsinn-Werkstatt-Logo, das zur Website www.gemeinsinn-werkstatt.de führt. Auf der anderen Seite sehen Sie das Eingabefeld für Suchbegriffe, die sich bei der Internet- wie CD-Anwendung auf die Kennziffern und Überschriften der Baukastenelemente und die Begriffe des Glossars beziehen. Wer als Mitwirkender einer Gemeinsinn-Werkstatt bestimmte Materialien braucht, kann z. B. die Kurzbezeichnungen eingeben (z. B. »A21«, »T20«, »Ergebnistransfer«, »I30-001«) und kommt so auf schnellstem Wege zu den Dateien.

Wer noch keine Informationen zur Gemeinsinn-Werkstatt hat, kann auf das Fragezeichen (»?«) klicken und findet dort aufbereitete Kurzinformationen zur Gemeinsinn-Werkstatt, einen Beispiel-Durchlauf anhand von drei

Anwendungsgebieten und beweglichen Grafiken (vgl. Kapitel 3.2.2, → E322) sowie die Gemeinsinn-Werkstatt-Projektphasen im Überblick, einige technische Daten und die Übersicht der Baukastenelemente. Das Ausrufezeichen (»!«) gibt weitere Informationen zu Anbietern und Mitwirkenden des Gemeinsinn-Werkstatt-Baukasten sowie zum Haftungsausschluss und rechtlichen Hinweisen.

In der zweiten Leiste erleichtern einfache Symbole die Navigation: »–« führt automatisch zur Navigationsgrafik zurück, »x« kehrt zur vorherigen Anwendung zurück, »‹« und »›« ermöglichen den Vorlauf und Rücklauf innerhalb der mit Flash animierten Textfolgen. Der vertikale Scroll-Balken ermöglicht die Durchsicht längerer Texte. Die praktische Dreiergliederung der Texte in »Was/Wer/Wie« ermöglicht es, die Suche auf bestimmte Aspekte zu konzentrieren (vgl. Kapitel 3.3.3, → E333).

Koordinierende/Begleitende

Mitwirkende von Gemeinsinn-Werkstätten, die mit den Materialien im Baukasten die Arbeit ihrer Gruppe anleiten möchten, nennen wir Koordinierende und Begleitende. Ihnen wird empfohlen, bei Fragen zur praktischen Anwendung wie zur theoretischen Vertiefung die Kapitel 7 bis 9 zu lesen: »Gemeinsinn-Konzept« (Kapitel 7, → E7), »Prozessorientierte Projektbegleitung« (Kapitel 8, → E8) und »Vernetzungsprozesse« (Kapitel 9, → E9).

Falls die Texte zu anspruchsvoll oder zu schwer verständlich sein sollten, empfiehlt es sich, Unterstützung aus dem Begleitnetzwerk zu holen (Hinweise in Kapitel 5.3, → E53).

Entwickelnde

Jene, die eigene Baukastenelemente beitragen wollen, werden gebeten, sich an die Redaktion der Gemeinsinn-Werkstatt zu wenden. Über die Baukasten-Entwicklungsplattform können Texte entworfen, kommentiert und von einem Qualitätsgremium begutachtet werden. Mit der Neuauflage des Leitfadens oder bei einem Update im Internet kommen dann diese Elemente ebenfalls in den offiziellen Baukasten (vgl. Kapitel 4.3.2, → E432).

6.1.3 Gemeinsinn-Werkstatt-Baukastenelemente

Einteilung der Baukasten-Bereiche

Die Navigationsfelder des Gemeinsinn-Werkstatt-Baukastens sind mit fünf Begriffen überschrieben, die sich zum Teil in weitere Unterbegriffe aufgliedern. Die Initialen dieser Begriffe bestimmen den Erstbuchstaben für die Kennziffer der darin abgelegten Baukastenelemente. Sie sind folgenden Baukasten-Bereichen zugeordnet:

- ***E**ssenz-Information*
- *Phasenpläne*: **A**ktivierung, **R**ealisierung, **I**ntegration
- *Aufgabenprofile*: **T**hema, **O**rganisation, **M**ethode
- *Bausteine*: **V**erfahren, **G**estaltung, **U**nterlagen, **B**eispiele, **W**ebseiten, **P**ublikationen
- ***N**etzwerk-Informationen*

Abbildung 15: Gemeinsinn-Werkstatt-Baukasten-Detailplan

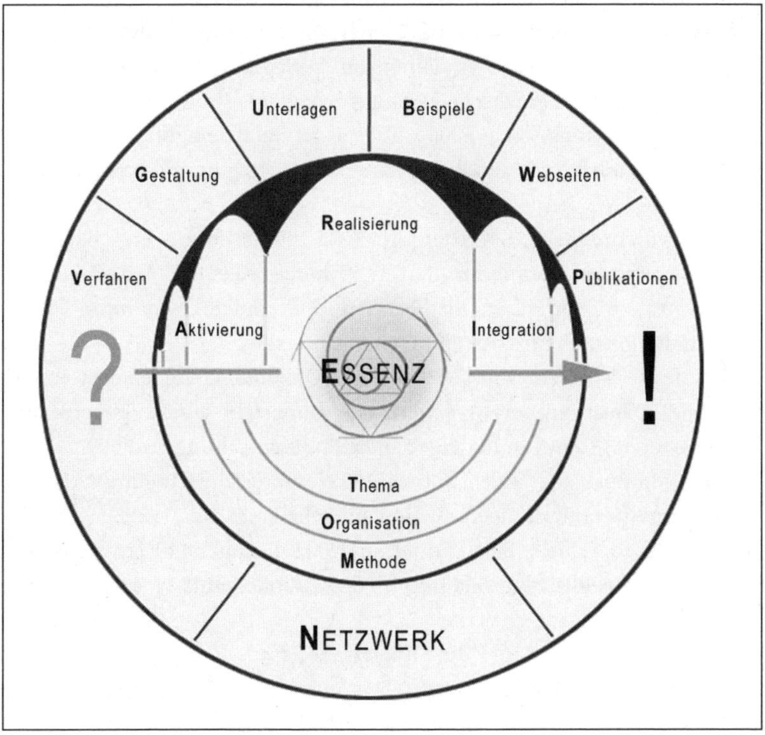

6.2 Quellenangaben und Publikationshinweise

Literatur

Die folgenden Literaturangaben wurden als Quellen benutzt und sind gleichzeitig Hinweise zur weiteren Vertiefung der beschriebenen Gedanken. Quellenangaben zu anderen Baukastenelementen finden sie jeweils am Ende bzw. unter der Rubrik »Wer«. »Publikations-Bausteine« (vgl. P000) werden im Gemeinsinn-Werkstatt-Baukasten näher beschrieben.

Alinsky, Saul D. 1984: Anleitung zum Mächtigsein. Ausgewählte Schriften. Göttingen, Lamuv.

Apel, Heino/Dernbach, Dorothe/Ködelpeter, Thomas/Weinbrenner, Peter (Hrsg.) 1998: Wege zur Zukunftsfähigkeit – ein Methodenhandbuch. Bonn, Stiftung Mitarbeit.

Beck, Ulrich (Hrsg.) 1997: Kinder der Freiheit. Frankfurt am Main, Suhrkamp.

Belz, Horst/Siegrist, Marco 2000: Kursbuch Schlüsselqualifikationen. Ein Trainingsprogramm. Freiburg im Breisgau, Lambertus. → P017

Bertelsmann Stiftung (Hrsg.) 2002: Gemeinsinn – Gemeinschaftsfähigkeit in der modernen Gesellschaft. Gütersloh, Verlag Bertelsmann Stiftung. → P001, E001, E002 (englische Fassung)

Bertelsmann Stiftung (Hrsg.) 2004: ToP® – Fit für Beteiligung. Ein Moderationshandbuch für Jugendliche. Gütersloh, Verlag Bertelsmann Stiftung. → P018

Bischoff, Arianne/Selle, Klaus/Sinnig, Heidi 2001: Informieren – Beteiligen – Kooperieren. Kommunikation in Planungsprozessen. Eine Übersicht zu Formen, Verfahren, Methoden und Techniken. Dortmund, Dortmunder Vertrieb für Bau- und Planungsliteratur.

Böhm, Dirk 2003: Augsburger Frühling. Dokumentation einer Gemeinsinn-Werkstatt an der Universität Augsburg. CD, DVD, Video. Bestellbar über das Centrum für angewandte Politikforschung. → P009

Bonsen, Matthias zur/Maleh, Carole 2001: Appreciative Inquiry (AI). Der Weg zu Spitzenleistungen. Weinheim, Beltz. → P016

Breit, Gotthard/Schiele, Siegfried (Hrsg.) 2002: Demokratie-Lernen als Aufgabe der politischen Bildung. Berlin, Bundeszentrale für politische Bildung.

Buber, Martin 1983: Ich und Du. Stuttgart, Reclam.

Burow, Olaf-Axel 2000: Ich bin gut – wir sind besser. Erfolgsmodelle kreativer Gruppen. Stuttgart, Klett-Cotta. → P005

Cooperrider, David L. 1990: Positive Image, Positive Action: »The Affirmative Basis of Organizing«. In: Srivastva, Suresh/Cooperrider, David L. (Hrsg.): Appreciative Management and Leadership. San Francisco, Jossey-Bass. S. 91–125.

Cremer, Jörg 2002: Motivation in Projekten. Eine empirische Erforschung von Motivations- und Erfolgsursachen im Projektmanagement. Lengerich, Pabs Science Publishers.

Duden 1997: Deutsches Universalwörterbuch A–Z. Mannheim, Brockhaus.

Endres, Egon 2001: »Erfolgsfaktoren des Managements von Netzwerken«. In: Howaldt, Jürgen/Kopp, Ralf/Flocken, Peter (Hrsg.): Kooperationsverbünde und regionale Modernisierung. Theorie und Praxis der Netzwerkarbeit. Wiesbaden, Gabler. S. 103–117.

Fänderl, Wolfgang 2001: Diskussionspapier zum Projektkonzept Erziehung zu Gemeinsinn und Gemeinschaftsfähigkeit. Befunde – Fragestellungen – Thesen – Konsequenzen. München, unveröffentlichtes Manuskript.

Fänderl, Wolfgang 2003: Gemeinsinn-Werkstatt. Beteiligungsprozess übers Reden hinaus! In: Ley, Astrid/Weitz, Ludwig (Hrsg.): Praxis Bürgerbeteiligung: Ein Methodenhandbuch. Bonn, Stiftung Mitarbeit. S. 135–139. → P008

Feldmann, Eva (Hrsg.) 2000: Jugendbeteiligung an der Politik – (K)ein Kinderspiel?! München, Forschungsgruppe Jugend und Europa.

Fisher, Roger/Brown, Scott 1989: Gute Beziehungen. Die Kunst der Konfliktvermeidung, Konfliktlösung und Kooperation. New York/Frankfurt, Campus. → P019

Hansel, Jürgen/Lomnitz, Gero 2003: Projektleiter-Praxis. Optimale Kommunikation und Kooperation in der Projektarbeit. Heidelberg/New York, Springer. → P013

Hauff, Volker 1987: Unsere gemeinsame Zukunft. Der Brundtland-Bericht der Weltkommission für Umwelt und Entwicklung. Greven, Eggenkamp.

Hildebrand, Susanne 2003: Wirkungsweise sozialer Selbstorganisation im Open Space – interdisziplinäre Betrachtung einer Methode. Berlin, unveröffentlichte Diplomarbeit.

Holman, Peggy/Devane, Tom (Hrsg.) 2002: Change Handbook. Zukunftsorientierte Großgruppen-Methoden. Heidelberg, Carl-Auer-Systeme. → P010

Höflinger, Ralph 2003: Am Rande des Chaos – Führungsrolle und Komplexität. In: ALPHA – Der Kadermarkt der Schweiz, August 2003.

ILOI – Institut für lernende Organisation und Innovation 1997: Management of Change. Erfolgsfaktoren und Barrieren organisatorischer Veränderungsprozesse. München/St. Gallen.

Keupp, Heiner/Röhrle, Bernd (Hrsg.) 1987: Soziale Netzwerke. Frankfurt am Main, Campus.

Keupp, Heiner 2000: Eine Gesellschaft der Ichlinge? Zum bürgerschaftlichen Engagement von Heranwachsenden. München, Selbstverlag.

Klingenberger, Hubert/Zintl, Viola 2001: Ich stark. Mich und andere verstehen – Entscheidungen treffen – Konflikte wagen und bestehen. München, Don Bosco. → P012

Königswieser, Roswitha/Keil, Marion (Hrsg.) 2000: Das Feuer großer Gruppen. Konzepte, Designs, Praxisbeispiele für Großgruppenveranstaltungen. Beratergruppe Neuwaldegg/synetz. Stuttgart, Klett-Cotta. → P004

Ley, Astrid/Weitz, Ludwig (Hrsg.) 2003: Praxis Bürgerbeteiligung: Ein Methodenhandbuch. Arbeitshilfen für Selbsthilfe- und Bürgerinitiativen 30. Bonn, Stiftung Mitarbeit. → P008

Luhmann, Niklas 1987: Soziale Systeme. Grundriß einer allgemeinen Theorie. Frankfurt am Main, Suhrkamp.

Maleh, Carol 2001/2002: Open Space. Effektiv arbeiten mit Großgruppen. Weinheim/Basel, Beltz. → P007

Owen, Harrison 2000: Open Space Technology. Ein Leitfaden für die Praxis. Stuttgart, Klett-Cotta. → P003

Putnam, Robert D. (Hrsg.) 2001: Gesellschaft und Gemeinsinn. Sozialkapital im internationalen Vergleich. Gütersloh, Bertelsmann Stiftung.

Saam, Nicole J. 2002: Das Großgruppenverfahren Open Space. Einführung von Marktmechanismen in Organisationen. In: Zeitschrift für Soziologie 31, S. 163–185.

Schattenhofer, Karl/Weigand, Wolfgang 1998: Die Dynamik der Selbststeuerung. Beiträge zur angewandten Gruppendynamik. Opladen, Westdeutscher Verlag.

Schelle, Heinz 2001: Projekte zum Erfolg führen. Projektmanagement systematisch und kompakt. München, DTV.

Seberich, Michael/Wenzel, Florian M. 2002: Handeln reflektieren – Demokratie erleben. Das Projekt Erziehung zu Demokratie und Toleranz. In: Breit, Gotthard/Schiele, Siegfried (Hrsg.): Demokratie-Lernen als Aufgabe der politischen Bildung. Berlin, Bundeszentrale für politische Bildung. S. 241–256.

Shah, Idris 1984: Die Hautprobe. Anleitung zum Sufipfad. Freiburg, Herder.

Siebert, Heinz 1999: Pädagogischer Konstruktivismus. Eine Bilanz der Konstruktivismusdiskussion für die Bildungsarbeit. Neuwied, Luchterhand.

Srivastva, Suresh/Cooperrider, David L. (Hrsg.) 1999: Appreciative Management and Leadership. Cleveland, Ohio, Williams Publishing.

Straus, Florian 2002: Netzwerkanalysen. Gemeindepsychologische Perspektiven für Forschung und Praxis. Wiesbaden, Deutscher Universitätsverlag.

Uhl, Katrin/Ulrich, Susanne/Wenzel, Florian M. (Hrsg.) 2004: Evaluation politischer Bildung. Ist Wirkung messbar? Gütersloh, Verlag Bertelsmann Stiftung.

Ulrich, Susanne/Henschel, Thomas R./Oswald, Eva 2001: Miteinander – Erfahrungen mit Betzavta. Gütersloh, Verlag Bertelsmann Stiftung. → P020

Ulrich, Susanne/Wenzel, Florian M. 2003: Partizipative Evaluation. Ein Konzept für die politische Bildung. Gütersloh, Verlag Bertelsmann Stiftung. → P002

Vester, Frederic 2001: Die Kunst vernetzt zu denken. Ideen und Werkzeuge für einen neuen Umgang mit Komplexität. Stuttgart, DVA.

Volkmann, Helmut 1984: Der Strategische Abakus. Leitidee und Instrumentalansatz für die Nutzung und Beherrschung der Kommunikations- und Informationstechnik (K+I) in sozio-technischen Systemen. München, Droemer Knaur.

Vopel, Klaus W. 2000: Wirksame Workshops. 80 Bausteine für dynamisches Lernen. Salzhausen, iskopress. → P011

Weber, Susanne 2002: Vernetzungsprozesse gestalten. Erfahrungen aus der Beraterpraxis mit Großgruppen und Organisationen. Wiesbaden, Gabler. → P015

Weidenfeld, Werner/Turek, Jürgen 2002: Wie Zukunft entsteht: Größere Risiken – weniger Sicherheit – neue Chancen. München, Gerling.

Weisbord, Marvin R./Janoff, Sandra 2001: Future search – die Zukunftskonferenz. Wie Organisationen zu Zielsetzungen und gemeinsamem Handeln finden. Stuttgart, Klett-Cotta.

Wenger, Etienne 1998: Communities of Practice: Learning, Meaning and Identity. New York, Cambridge University Press.

Wenger, Etienne/McDermott, Richard/Snyder William M. 2002: Cultivating Communities of Practice. A Guide to Managing Knowledge. Boston, Harvard Business School Press.

Wiards, Mathias/Butt, Jochen 2002: Was geht. Probleme lösen – mehr Durchblick bekommen – Projekte machen. Hannover, profundo. → P014

Internetadressen

www.projekt-gemeinsinn.net; ab 2004: www.gemeinsinn-werkstatt.de

Abbildungsverzeichnis

Tabellenverzeichnis

6.3 Glossar und Abkürzungsverzeichnis

Glossar mit Hinweisen auf Kapitel

Die Auflistung und kurze Erläuterung der wichtigsten Schlüsselbegriffe in der Gemeinsinn-Werkstatt bietet den Nutzern des Baukastens wie den Anwendern des Projektverfahrens schnelle Orientierung. Die Begriffe sind der aktuelle Standard zur besseren Verständigung unter Mitwirkenden an Gemeinsinn-Werkstätten und helfen bei der Absprache und Formulierung weiterer Texte. Die *kursiv* geschriebenen Begriffe sind selbst Stichwörter im Glossar.

Die Begriffe des Glossars können bei PC-Anwendung im Gemeinsinn-Werkstatt-Baukasten in das Suche-Fenster eingegeben werden und sind mit Links aufbereitet, die zu weiteren Begriffsbeschreibungen oder einführenden bzw. ausführlicheren Erläuterungen führen. Im Leitfaden sind sie alphabetisch geordnet.

Abschlussgespräch (I10)	Schlussanalyse der *Initiativgruppe* zum Ende der *Integrationsphase* → E322, E331, E81
Absichtserklärung	*Meilenstein* für *Klärungsgespräche* (A10) → E331, E816
Aktion	allgemeine Bezeichnung und Überbegriff für alle *Basis- und Einzelaktionen*: *Initiative, Projekt, Veranstaltung* und *weitere Aktionen* → E331, E81
Aktionsberichte	*Meilensteine* für *Einzelaktionen* der *Realisierungsphase* (R) → E331, E816
Aktionsgruppe	konkrete Handlungsgemeinschaft, die eine *Aktion* umsetzen möchte → E331, E81
Aktionskreis	offene Interessengemeinschaft, die eine *Aktion* angehen will → E331, E81
Aktionsteam	koordinierte Arbeitsgemeinschaft zur Umsetzung einer *Aktion* → E331, E81
Aktionsvereinbarungen	*Meilenstein* für *Aktivierungsforum* (A30) → E331, E816
Aktivierung	motivierender Einstieg in eine *Initiative*, ein *Projekt*, eine *Veranstaltung* oder eine *Aktion*, vgl. *Aktivierungsphase* → E313, E321, E331, E81
Aktivierungsforum (A30)	*Großgruppenveranstaltung* am Ende der *Aktivierungsphase*, um *Aktionsvereinbarungen* zu treffen → E322, E331, E81
Aktivierungsphase (A)	erster *Phasenplan* zum Einstieg in eine *Gemeinsinn-Werkstatt* mit den Teilphasen *Klärungsgespräche* (A10), *Planungsrunden* (A20) und *Aktivierungsforum* (A30) → E313, E321, E331, E613, E81

Aktivitätszentrum	soziales Umfeld um einen *Knotenpunkt* im Rahmen des *Begleitnetzwerks*, das inhaltliche, organisatorische oder methodische *Aktionen* koordiniert, meist angebunden an Institutionen → E423, E931
Appreciative Inquiry	vgl. *wertschätzende Erkundung* → E221, E721, V015
Assistenz	unterstützende Tätigkeit für Koordination und *Ko-Koordination* → E332, E431, E723, E81
Aufgabenbereich	grobe Untergliederung der *Aufgabenprofile* in *Thema* (T), *Organisation* (O) und *Methode* (M) → E332, E723, E82
Aufgabenfeld	Feinunterteilung der *Aufgabenbereiche* in *Entscheidung* (T10), *Kommunikation* (T20), *Dokumentation* (T30), *Finanzierung* (O10), *Versorgung* (O20), *Gestaltung* (O30), *Beratung* (M10), *Evaluation* (M20) und *Moderation* (M30) → E332, E723, E82
Aufgabenprofile	Orientierungshilfe für Aufgaben und Rollen der *Mitwirkenden* von Beteiligungsprojekten; Informationen zu *Aufgabenbereichen* und *Aufgabenfeldern* im *GW-Baukasten* → E332, E422, E423, E723, E82
Auswertungsrunden (I20)	Treffen des *Projektkreises* in der *Integrationsphase* zur *Projektauswertung* → E322, E331, E81
Basisaktionen	*Aktionen* einer Gemeinsinn-Werkstatt, die die Projektbasis für die darauf aufbauenden Einzelaktionen der Realisierungsphase schaffen → E331, E81
Basisauftrag	zentrale Ausrichtung eines *Aufgabenfelds* im Rahmen einer GW (»Meilenstein der Aufgabenprofile«); Orientierung, um im Verlauf des Projekts die vereinbarten Ziele nicht aus dem Auge zu verlieren → E332, E82
Basisprojektplan	*Meilenstein* der *Planungsrunden* A20 → E331, E816
Baukasten	siehe *GW-Baukasten*
Baukastenelemente	Gesamtheit aller Dateien im *GW-Baukasten*: *Informationen, Phasenpläne, Aufgabenprofile* und *Bausteine* → E03, E613, E722
Baukasten-Entwicklungsplattform	Internet-Anwendung im *GW-Atelier* zur Erstellung, Kommentierung und Begutachtung von Informationen, Phasenplänen, Aufgabenprofilen und Bausteinen für den *GW-Baukasten* → E432, E932
Bausteine	Teilaspekte der Prozessgestaltung; Informationen zu *Verfahren* (V), *Gestaltungselementen* (G), *Unterlagen* (U), *Beispielen* (B), *Webseiten* (W) und *Publikationen* (P) im *GW-Baukasten* → E03, E333, E613, E83
Begleitende	methodisch *Mitwirkende* → E332, E82

Begleitnetzwerk	ein *Gemeinsinn-Netzwerk* von Personen und Institutionen, die *Gemeinsinn-Werkstätten* betreiben, begleiten und koordinieren und für Austausch, Vernetzung und Qualifizierung verantwortlich sind; siehe auch Langform *Gemeinsinn-Begleitnetzwerk* → E133, E4, E733, E9
Begleitteam	*Begleitende* und *Betreuende*, die während einer Veranstaltung die *Beteiligten* methodisch und organisatorisch unterstützten → E322, E332, E82
Begleitung	verfahrenstechnische Unterstützung von *Beteiligten* und *Betreuenden*; bei Aktionen: methodische Mitwirkung → E332, E713, E82
Beispiel-Aufgabenprofil	Darstellung des spezifischen *Aufgabenprofils* einer Gemeinsinn-Werkstatt → E332, E823
Beispiel-Baustein (B)	kurze Beschreibung von bereits durchgeführten Gemeinsinn-Werkstätten mit Optimierungshinweisen → E333, E613, E83, B000
Beispiel-Phasenplan	schrittweise Darstellung eines Gemeinsinn-Werkstatt-Verlaufs in Bezug auf die einzelnen *Phasenpläne* → E331, E813
Beratung (M10)	*Aufgabenfeld* zur methodischen Unterstützung von Prozessen, um *Mitwirkende* füreinander zu öffnen, zu integrieren, zu verselbstständigen und nachhaltig zu vernetzen → E332, E82
Berichte	*Meilenstein* für *Aktionen* der *Realisierungsphase* (R10 bis R30) → E331, E81
Best Practice	Auswahl der erfolgreichsten Aktionen, Methoden und Höhepunkte zu einem bestimmten Thema; Best-Practice-Recherche: Bezug auf die Erforschung effektiver Ansätze → E221
Beteiligte	thematisch *Mitwirkende* → E332, E82
Beteiligung	Geben und Nehmen in gegenseitiger Wertschätzung trotz unterschiedlicher Bewertungen (vgl. partnerschaftliche Beteiligung/*Partizipation*) → E1; bei Aktionen: thematische Mitwirkung → E332, E82
Beteiligungsebene	Stufe der Verantwortungsübernahme für *Aktion*en – von *Interessierten* (obere) über *Mitwirkende* (mittlere) bis zu *Koordinierenden* (untere Beteiligungsebene) → E323, E423, E826, E835, E931
Beteiligungsplattform	Internet-Portal von www.gemeinsinn-werkstatt.de mit vielerlei Web-Anwendungen zur interaktiven Beteiligung → E432, E932
Beteiligungsraum	Gemeinsinn-Werkstatt im Rahmen einer Raum-Analogie → E131, E413, E712

Beteiligungsschritt	einer der neun Beteiligungsschritte einer Gemeinsinn-Werkstatt; Unterschied zu *Phasenplänen*: Schritt 1 (Ausgangspunkt) und 9 (Ergebnisse) werden hinzugezählt, und die Bezeichnungen der Schritte sind vereinfacht → E32
Betreuende	organisatorisch *Mitwirkende* → E332, E82
Betreuung	Schaffung von Rahmenbedingungen für *Beteiligte* und *Begleitende*; bei Aktionen: organisatorisch Mitwirkende → E332, E82
Copyleft(-Prinzip)	Vereinbarung, erfundene und entwickelte Programme, Bilder und Textinhalte frei verfügbar zu machen, siehe auch *Open-Content-Lizenz*; Gegensatz Copyright: Schutz von Erfindungen und Entwicklungen Einzelner vor Vervielfältigung → E432, E932, N001
Delegation	Verantwortungsübernahme → E332, E723
Dokumentation (T30)	thematisches *Aufgabenfeld*, um sinnvolle Wege der internen Ergebnissicherung und des externen Ergebnistransfers mit unterschiedlichen Medien zu gewährleisten → E332, E82
Effektivität	Zielwirksamkeit als Verhältnis zwischen angestrebten Zielen und tatsächlichen Ergebnissen → E721
Effizienz	Verhältnis von Aufwand und Nutzen → E721
Eigensinn	Bestandteil von *Gemeinsinn* → E023, E711
Einsatzempfehlungen	Erfordernisse zur Durchführung eines Gemeinsinn-Projektverfahrens → E233, E731
Einzelaktionen	*Aktionen*, die während des *Aktivierungsforums* (A30) entstehen, von den Beteiligten selbst angekündigt, selbstverantwortlich umgesetzt und im *Integrationsforum* (I30) selbst vorgestellt werden → E331, E81
Entscheidung (T10)	thematisches *Aufgabenfeld* zur Entwicklung sinnvoller Abstimmungs- und Leitungsformen, Verantwortungs- und Vertretungsstrukturen für die Gemeinschaft → E332, E82
Ergebnisoffenheit	Haltung, die zwar Ziele verfolgt, dabei aber Entwicklungen mitberücksichtigt: »Der Weg ist das Ziel.« Ergebnisse können deshalb anders aussehen, als es die ersten Zielvorstellungen vorsahen. → E332
Essenz-Information (E)	Informationen zu wichtigen Grundlagen im *GW-Baukasten* (u.a. Leitfaden) → E333, E613, E83, E000
Evaluation (M20)	methodisches *Aufgabenfeld* zur Reflexion des Gesamtprozesses, um hilfreiches Feedback zu geben und als Korrektiv und Entscheidungshilfe genutzt zu werden → E332, E82

extrinsische Motivation	Antrieb von außen (Müssen, Dürfen, Sollen), der von der Gruppe auf das Individuum einwirkt, Sachzwänge, Regeln und Pflichten einfordert; siehe auch: *fremdbestimmte Motivation* → E21, E712
Fehlerfreundlichkeit	Der offene Umgang mit der Fehlbarkeit des Menschen dient dem Fortschritt: »Aus Fehlern lernen« → E121, E221, E233
Finanzierung (O10)	organisatorisches *Aufgabenfeld* zur Betreuung finanzieller und vertraglicher Vereinbarungen zur Absicherung einer Gemeinsinn-Werkstatt, indem das *Sozialkapital* einbezogen und auf die Schaffung bleibender Werte gezielt wird → E332, E82
Forum	Veranstaltungsformat für *Großgruppen* ab 27 Personen (vgl. *potenzierte Drei*) mit partnerschaftlicher Beteiligung → E222, E331, E722, E81
freiwilliges Engagement	alle Formen der Zusammenarbeit, die von innen heraus motiviert sind *(intrinsische Motivation)* und einer größeren Gruppe von Menschen oder übergeordneten Systemen (z. B. Umwelt) Nutzen bringen → E022, E11, E211, E412
fremdbestimmte Motivation	vgl. *extrinsische Motivation*
Funktion	vgl. *Rolle*
Gemeinschaftsfähigkeit	soziale Fähigkeiten, die das Zusammenleben in einer Gemeinschaft fördern (Kommunikations-, Vernetzungs-, Konfliktfähigkeit etc.) → E02, E121, E311, E711
Gemeinschaftsorientierung	natürliche Ausrichtung des Individuums an der Gemeinschaft und Entwicklung von *sozialem Bewusstsein, sozialen Fähigkeiten* und *sozialem Engagement* → E113, E213, E711
Gemeinsinn	freiwilliges gesellschaftliches Engagement über das Reden hinaus → E02, E113, E71
Gemeinsinn-Begleitnetzwerk	Langform von *Begleitnetzwerk*
Gemeinsinn-Konzept	theoretische Orientierung und Grundlage der *Gemeinsinn-Werkstatt* zur Vertiefung und Anregung von *Gemeinsinn-Prozessen* → E231, E7
Gemeinsinn-Kriterien	Orientierungsmerkmale für *Leitsätze, Erfordernisse* und Evaluation von *Gemeinsinn-Prozessen* → E231, E732
Gemeinsinn-Netzwerk	offenes *soziales Netzwerk* aus Personen und Institutionen, das freiwilliges Engagement in Bezug auf ein brennendes Anliegen fördern will und dazu eine Projektebene etabliert → E411, E92

Gemeinsinn-Netzwerk-Ebenen	Beteiligungsraum, differenziert in die Ebenen der Menschen, Institutionen und Projekte, um ein transparenteres Zusammenspiel zu ermöglichen → E413, E913, E931
Gemeinsinn-Projektverfahren	*Projektverfahren*, das einen *Komplexitätsbogen* aufweist, sich am *Gemeinsinn-Konzept* orientiert und auf das *Begleitnetzwerk* und den *GW-Baukasten* stützen kann; häufige Kurzform: *Projektverfahren* → E133, E3, E8
Gemeinsinn-Prozesse	längerfristig wirksame Umgangsformen, die sich am Gemeinsinn-Konzept orientieren und durch ihre Methodenauswahl *Gemeinsinn-Netzwerke* fördern; z. B. das Gemeinsinn-Projektverfahren → E313
Gemeinsinn-Werkstatt (GW)	*Beteiligungsraum* zur Entwicklung von *Gemeinsinn-Netzwerken* mit Hilfe von *Gemeinsinn-Grundlagen*, *Projektverfahren* und *Begleitnetzwerk* → E13
Gespräch	Veranstaltungsformat für Kleingruppen von etwa drei bis acht Personen mit partnerschaftlicher Beteiligung, vgl. *Zwiegespräch* und *potenzierte Drei* → E222
Gestaltung (O30)	organisatorisches *Aufgabenfeld* zur Schaffung eines wertschätzenden Umfelds mit angenehmer Atmosphäre, variablen Raumelementen und ästhetisch gestalteten Materialien sowie kulturellem Rahmenprogramm bei Veranstaltungen → E332, E82
Gestaltungs-Baustein (G)	Informationen des *GW-Baukastens* zur Bestellung, zur Produktion und zum Einsatz von Elementen, die zur Durchführung von Veranstaltungen erforderlich sind, sowie Hinweise zur Gestaltung von Räumen und Raumelementen → E333, E613, E83, G000
Gestaltungsdreieck	stabilisierende Wirkung von Thema, Organisation und Methode → E712, E813
Großgruppenveranstaltung	Veranstaltungsformat für Gruppen ab ca. 27 Personen, z. B. Forum, vgl. *potenzierte Drei* → E222
Gruppe	zweite Stufe der *Konsolidierung*: Kooperation und Vernetzung der Beteiligten (*Kreis*) zur Stabilisierung des Netzwerks → E323, E331, E332, E81, E826
Gruppendruck	Rollenbindung einer Person durch eine Gruppe mit hohen Erwartungen im Rahmen einer *zweckorientierten Gemeinschaft* → E212, E712, E732
Gruppengröße	Orientierungshilfe bei *Baukastenelementen*, vgl. *potenzierte Drei* → E222
GW	Abkürzung für *Gemeinsinn-Werkstatt*
GW-Atelier	interne, passwortgeschützte Beteiligungsplattform des *Begleitnetzwerks* im Internet unter www.netzwerk-gemeinsinn.de → E432, E932

GW-Baukasten	Zusammenstellung von *Essenz-* und *Netzwerk-Informationen, Phasenplänen, Aufgabenprofilen* und *Bausteinen* auf einer CD bzw. als Internet-Anwendung; Kurzform: Baukasten → E61, E722
GW-Galerie	externe, öffentlich zugängliche Beteiligungsplattform des Gemeinsinn-*Begleitnetzwerks* auf www.gemeinsinn-werkstatt.de → E432, E933
Hospitanz	lernende und unterstützende Rolle im Methodenbereich → E332, E431, E723, E81
Initiative	Überbegriff für *Basis-* und *Einzelaktionen*, die aktivierenden Charakter haben und kurz- bis langfristig sein können → E331, E81
Initiativgruppe	konkrete Handlungsgemeinschaft, die eine *Initiative* umsetzen möchte → E331, E81
Initiativkreis	offene Interessengemeinschaft, die eine *Initiative* angehen will → E331, E81
Initiator	Person, die Initiative ergreift und einen *Initiativkreis* einberuft → E331, E81
Institution	stabile, geschlossene Gruppenstruktur; Gegenbegriff: *Netzwerk* → E411, E921
Integration	reflektierender und wertschätzender Abschluss einer *Initiative*, eines *Projekts*, einer *Veranstaltung* oder einer *Aktion*; vgl. *Integrationsphase* → E313, E321, E331, E81
Integrationsbericht	*Meilenstein* zum *Integrationsforum* (I30) → E331, E816
Integrationsforum (I30)	*Großveranstaltung* zu Beginn der *Integrationsphase* mit Fertigstellung eines *Integrationsberichts* → E322, E331, E81
Integrationsphase (I)	dritter *Phasenplan* zum Abschluss einer *GW* mit den Teilphasen *Integrationsforum* (I30), *Auswertungsrunden* (I20) und *Abschlussgespräch* (I10) → E313, E321, E331, E613, E81
Interessierte	oberste *Beteiligungsebene*, auf der Interesse bekundet wird → E323, E423, E826, E835, E931
intrinsische Motivation	Antrieb von innen heraus (Können, Mögen, Wollen), der das Individuum, seine Fähigkeiten, Bedürfnisse und Visionen zum Ausdruck bringt; vgl. *selbstbestimmte Motivation* → E21, E712
Kennziffer	Kombination des Initialbuchstabens eines Baukasten-Bereichs mit einer Zuordnungszahl → E03, E613
Klärungsgespräche (A10)	Absprachen der *Initiativgruppe* zu Beginn der *Aktivierungsphase*, um eine *Absichtserklärung* abzugeben → E322, E331, E81
Ko-Koordination	Verantwortungsstufe zwischen *Koordination* und *Assistenz* bei größeren Teams → E723

Kommunikation (T10)	thematisches *Aufgabenfeld*, das sich mit internem und externem Informationsfluss, geeignetem Medieneinsatz und PR sowie mit Fragen der Einladung, der Transparenz und der Vermittlung von Ergebnissen beschäftigt → E332, E82
Komplexität	Vielschichtigkeit; Orientierungshilfe bei Baukastenelementen, um abzuschätzen, ob das Material einfach, anspruchsvoll oder schwierig ist → E122, E123, E233, E313, E323, E412, E713
Komplexitätsbogen	Verfahrensarchitektur (Arkadenstruktur) der *GW*, in der *Komplexität* zunächst ausgeweitet und abschließend wieder konzentriert wird → E313, E722, E812
Konfliktfähigkeit	Kompetenz, mit inneren wie äußeren Konflikten so umzugehen, dass sie nicht eskalieren, sondern zu einer konstruktiven Lösung führen → E221, E721, E92
Kongruenz	Stimmigkeit, z. B. zwischen eigenen Interessen und den daraus abgeleiteten Handlungen → E212, E732
Konsolidierung	Festigung des Gruppenzusammenhalts und der Verbindlichkeiten innerhalb eines Netzwerks → E331, E81
Kooperation	partnerschaftliche Zusammenarbeit mit Kommunikation auf gleicher Augenhöhe und adäquatem Engagement als Gegenleistung ohne finanziellen Ausgleich → E212, E723
Koordination	verantwortliche Leitung eines Bereichs mit möglicher Unterstützung durch *Ko-Koordination*, Assistenz und Hospitation → E332, E431, E723, E81
Koordinierende	unterste *Beteiligungsebene* von Mitwirkenden mit höchster Motivation, die ein Aufgabenfeld verantwortlich leiten → E323, E423, E826, E835, E931
Kreis	erste Stufe der *Konsolidierung:* Kontakt und Interessenbekundung zur Etablierung des Netzwerks, → E323, E331, E332, E81, E826
Kultur	methodische Umgangsformen, mit denen sich die Beteiligten austauschen, vernetzen und qualifizieren; vgl. *Netzwerkfeld* → E411, E422, E52, E92, E931
Leitsätze (der GW)	kurze, affirmative Aussagen zur Orientierung (von *Gemeinsinn-Netzwerken*), die von den *Gemeinsinn-Kriterien* abgeleitet wurden → E232, E732
Matching	Situation, in der Angebot und Nachfrage sich ideal ergänzen; Passung → E211
Meilensteine	wichtige Einschnitte in das *Projektverfahren* mit Absprachen zu vorangegangenen und zu folgenden *Phasenplänen*; Abklärung, ob alle vereinbarten Ziele erreicht wurden → E331, E81

Methode (M)	Überbegriff für die Art und Weise eines Vorgehens, eines Verfahrens, einer Technik; methodische Unterstützung durch *Begleitende* in Form von *Beratung* (M10), *Evaluation* (M20) und *Moderation* (M30) → E332, E613, E72, E83
Mitarbeit	finanzierte *Kooperation* im Rahmen eines Arbeitsverhältnisses; Dienstleitung des einen für den anderen mit finanzieller Gegenleistung → E212, E412, E723
Mitwirkende	mittlere Beteiligungsebene, auf der *Beteiligte, Betreuende* und *Begleitende* ihr Interesse in Handlung umsetzen → E323, E723, E423, E826, E835, E931
Moderation (M30)	methodisches *Aufgabenfeld* zur Gestaltung des Veranstaltungsrahmens mit Hilfe angemessener Methoden, um Beteiligten eine konstruktive Arbeitsatmosphäre zu schaffen → E332, E82
Motivationsabfrage	einfache Fragestellungen zum Abgleich von Motivationen in einer Gruppe → E331, E332, E723
Motivationsformel	Formel aus *intrinsischer Motivation* im Zähler und *extrinsischer Motivation* im Nenner, die einen Motivationsquotienten größer oder kleiner 1 ergibt und damit das Verhältnis von sinn- zu zweckorientiertem Handeln veranschaulicht → E213, E712
Motivationsquotient	vgl. *Motivationsformel*
Nachhaltigkeit	Einbezug zukünftiger Entwicklungen und Resultate von Handlungen; vgl. *Zukunftsfähigkeit* → E113, E311, E422, E721
Netz	allgemeine Vernetzungsstruktur (Fischer-, Schmetterlings-, Schienennetz) bzw. *soziales Netz* → E411, E921
Netzwerk	allgemeiner Begriff für gezielte soziale und technische *Vernetzungen*; offene, flexible Gruppenorganisation; Pendant: *Institution*; Kurzform für *soziales Netzwerk* → E411, E921
Netzwerkbereiche	*Aufgabenbereiche* im *Begleitnetzwerk* zur internen wie externen Zusammenarbeit: *Strategie, Struktur, Kultur* → E53, E931
Netzwerkfelder	*Aufgabenfelder* innerhalb der *Netzwerkbereiche* des *Begleitnetzwerks* zur Förderung interner wie externer Zusammenarbeit; in den Bereichen *Strategie* (Entscheidung, Kommunikation, Dokumentation), *Struktur* (Finanzierung, Versorgung, Gestaltung) und *Kultur* (Beratung, Evaluation, Moderation) → E411, E422, E52, E92, E931
Netzwerk Gemeinsinn e.V.	gemeinnütziger Trägerverein, der 2003 von Mitwirkenden des *Begleitnetzwerks* gegründet wurde, um Gemeinsinn und das Projektverfahren nachhaltig zu verbreiten → E421, E53, E932

Netzwerk-Information (N)	Informationen im *GW-Baukasten* zu Gemeinsinn-Netzwerken im Allgemeinen und zum Begleitnetzwerk im Besonderen → E4, E613, E83, N000
Open Space Technology	*Großgruppenverfahren* für Veranstaltungen mit hoher Selbstorganisation → E222, V005
Open-Content-Lizenz	Vereinbarung, die durch eine Lizenz Inhalte (Texte, Bilder, Dateien) frei verfügbar macht und zur Nutzung und Bearbeitung unter bestimmten Bedingungen berechtigt; vgl. *Copyleft* → E432, E932, N001
Open-Source-Programm	rechtlicher Begriff in der Software-Entwicklung, der anderen Programmierenden ermöglicht, die so bezeichnete Programmierung frei zu nutzen und eigene Anwendungen daraus zu entwickeln → E432
Organisation (O)	Überbegriff für die Schaffung von Rahmenbedingungen eines Prozesses oder Zustandes; aber auch: Einrichtung, Institution; organisatorische Unterstützung durch *Betreuende* in Form von *Finanzierung* (O10), *Versorgung* (O20) und *Gestaltung* (O30) → E332, E613, E82
Partizipation	partnerschaftliche Beteiligung → E122
Partnerschaftlichkeit	Umgangsweise auf gleicher Augenhöhe, mit *Wertschätzung* des anderen (auch Andersdenkenden) als gleichwertigen Partner → E122, E212, E723, E922
Phasenpläne	Fragenkataloge zur Koordination und Abstimmung bestimmter *Projektphasen* zwischen mehreren *Mitwirkenden;* Informationen zur *Aktivierungs-* (A), *Realisierungs-* (R) und *Integrationsphase* (I) → E331, E422, E81
Planungsrunden (A20)	Treffen des *Projektkreises* in der *Aktivierungsphase,* um einen *Basisprojektplan* zu verabschieden → E322, E331, E81
potenzieller Interessentenkreis	*Interessierte,* die von dem Anliegen betroffen sind bzw. Interesse daran haben → E322
potenzierte Drei	Gruppengrößen werden in der Gemeinsinn-Werkstatt nach einer Dreierpotenz ermittelt: 3, 9, 27, 81, usw.; entsprechend werden Bezeichnungen zugewiesen: Kleingruppe, mittlere Gruppe, Großgruppe, kleine Gemeinschaft usw. → E222
Projekt	Überbegriff für *Basis-* und *Einzelaktionen,* die mittelfristig realisierenden Charakter haben → E311, E81
Projektauswertung	*Meilenstein* zu *Auswertungsrunden* (I20) → E322, E331, E81
Projektgruppe	konkrete Handlungsgemeinschaft, die ein *Projekt* umsetzen möchte → E331, E81
Projektkreis	offene Interessengemeinschaft, die ein *Projekt* angehen will → E331, E81

Projektteam	koordinierte Arbeitsgemeinschaft, die sich für die Umsetzung eines *Projekts* aufteilen konnte → E331, E81
Projektverfahren	methodische Vorgehensweise bei mittelfristigen *Projekten*; Kurzform von *Gemeinsinn-Projektverfahren* → E133, E3, E8
Publikations-Baustein (P)	Medienhinweise im *GW-Baukasten*, die für Beteiligungsprozesse hilfreich sind und sich auf Literatur, Veröffentlichungen, Filme und Medien aller Art beziehen können → E333, E613, E83, P000
Qualitätsgremium	Kreis von anerkannten und gewählten Experten des *Begleitnetzwerks*, der auf die Sicherung von Qualitätsstandards der *Gemeinsinn-Werkstatt* achtet → E433, E932
Realisierung	konkrete Umsetzung einer *Initiative*, eines *Projekts*, einer *Veranstaltung* oder einer *Aktion*; vgl. *Realisierungsphase;* → E313, E321, E331, E81
Realisierungsphase (R)	zweiter *Phasenplan* zur Umsetzung einer Gemeinsinn-Werkstatt mit optionalen *Basisaktionen* (*Initiativgespräche* R10, *Projektrunden* R20, *Veranstaltungsforen* R30) und *Einzelaktionen* der Beteiligten mit der Ergebnissicherung durch *Berichte* und *Aktionsberichte* → E313, E321, E331, E613, E81
reflexive Dokumentation	Ergebnissicherung, die Lernerfolge ins Bewusstsein bringt und nachhaltig verankert → E223, E721
Rolle	Zuschreibungen und Erwartungshaltungen an eine Person, die mit ihrer Stellung und Funktion innerhalb einer *Institution*, einem *Netzwerk oder Projekt* zu tun hat; vgl. *Funktion* → E412, E413, E723, E826, E922
Runde	Veranstaltungsrahmen für mittlere Gruppen ab etwa 9 Personen (vgl. *potenzierte Drei*) mit partnerschaftlicher Beteiligung → E 222, E331, E722, E81
Schlussanalyse	*Meilenstein* zum Abschlussgespräch (I10) → E322, E331, E81
Schlüsselpersonen	formelle und informelle Vertreter und Vermittler, die zu einem bestimmten Thema den Zugang zu Interessengruppen schaffen können → E323, E921
selbstbestimmte Motivation	vgl. *intrinsische Motivation*
Selbstorganisation	eigenverantwortliches und selbstbestimmtes Denken und Handeln → E113, E223, E923
sinnorientiert	Ideal einer intrinsisch motivierten und selbstbestimmten Orientierung, die von den Bedürfnissen (Mögen), Fähigkeiten (Können) und Visionen (Wollen) ihrer Individuen ausgeht; Gegenbegriff: *zweckorientiert* → E211, E212, E411, E712

soziale Fähigkeit	vergangenheitsbezogene *Gemeinschaftsorientierung;* alles, was Individuum und Gesellschaft an Kompetenzen und Ressourcen in Prozesse einbringen können bzw. müssen → E113, E213
soziales Bewusstsein	zukünftige *Gemeinschaftsorientierung;* alles, was Individuum und Gemeinschaft durch Visionen und Ziele erreichen wollen bzw. sollen → E113, E213
soziales Engagement	gegenwärtige *Gemeinschaftsorientierung;* alles, was Individuum und Gemeinschaft an Bedürfnissen und Anliegen aktuell umsetzen mögen bzw. dürfen → E113, E213
soziales Netz	Gemeinschaft von Individuen (egozentriert) und Gruppen (soziozentriert), die zu einem Verbund zusammengewachsen sind (z. B. Familie) bzw. sich zusammengeschlossen haben (z. B. Freundeskreis) → E411, E921
soziales Netzwerk	*soziales Netz,* das sich zu einem bestimmten Sinn oder Zweck organisiert hat und strategische Ziele verfolgt (z. B. *Projektgruppe,* Arbeitsgemeinschaft) → E411, E921
Strategie	inhaltliche Orientierung, um zentrale Ziele und Visionen zu entwickeln, zu konkretisieren und festzuhalten; vgl. *Netzwerkfeld* → E411, E422, E52, E92, E931
Struktur	organisatorischer Rahmen für die Etablierung, Umsetzung und langfristige Nutzung von Beziehungen; vgl. *Netzwerkfeld* → E411, E422, E52, E92, E931
Team	dritte Stufe der *Konsolidierung:* Verantwortungsteilung und Koordination der Mitwirkenden (*Gruppe*) → E323, E331, E332, E81, E826
Teilnahme	Nutzung eines Angebots von anderen; vgl. *Beteiligung* → E121, E723
Thema (T)	Überbegriff für Inhalte eines Prozesses und thematische Zusammenarbeit; aber auch: Ziele, Anliegen, Titel einer *Aktion* bzw. *Gemeinsinn-Werkstatt;* inhaltliche Mitwirkung von *Beteiligten* in Form von *Entscheidung* (T10), *Kommunikation* (T20) und *Dokumentation* (T30) → E332, E613, E82
Triple-Win-Effekt	vgl. *Win-Win-Win-Effekt*
Unterlagen-Baustein (U)	Datei im *GW-Baukasten,* auf die in anderen *Baukastenelementen* hingewiesen wird und die zum Beispiel Checklisten, Fragebögen, Tabellen, Formulare, Handouts, Folien etc. enthalten kann → E333, E613, E83, U000

Veranstaltung	Organisationsform für reale Treffen; Überbegriff für *Basis-* und *Einzelaktionen*, die kurzfristigen Austausch-Charakter haben → E222, E331, E722, E81
Veranstaltungsgruppe	konkrete Handlungsgemeinschaft, die eine *Veranstaltung* umsetzen möchte → E331, E81
Veranstaltungskreis	offene Interessengemeinschaft, die eine *Veranstaltung* angehen will → E331, E81
Veranstaltungsteam	koordinierte Arbeitsgemeinschaft, die sich für die Umsetzung einer *Veranstaltung* aufteilen konnte → E331, E81
Verfahrens-Baustein (V)	Informationen im *GW-Baukasten* zur Vorbereitung und Durchführung des organisatorischen und methodischen Ablaufs von Methoden, Techniken und Prozessen → E333, E613, E83, V000
Vernetzungskurve	Niveau, Qualität und Häufigkeit der Kontakte und Beziehungen innerhalb eines sozialen *Netzwerks* über einen festgelegten Zeitraum→ E313, E713, E922
Versorgung (O20)	organisatorisches *Aufgabenfeld* zur Besorgung von Räumen, Materialien und Technik, mit Unterbringungs- und Ernährungsaspekten → E332, E82
Webseiten-Baustein (W)	Überblick im *GW-Baukasten* zu Internet-Seiten, ihren Informationen und Downloads, Bezugsquellen und Foren, Netzwerken und Kontaktmöglichkeiten → E333, E613, E83, W000
weitere Aktionen	Organisationsformen, die über *Initiativen, Projekte* und *Veranstaltungen* hinausgehen (z. B. langfristiger *Netzwerk*-Aufbau, spontane Aktionen Einzelner) → E222, E331, E422, E81
wertschätzende Erkundung	Verfahren zur Förderung positiver und wertschätzender Haltung durch Interviews, Klein- und Großgruppenprozesse; im Englischen: *Appreciative Inquiry* → E221, E721, V015
Wertschätzung	achtsame und konstruktive Haltung, die andere nicht bewertet oder abwertet, sondern Unterschiede und Eigenarten schätzt und bestehen lässt, solange sie nicht Menschenrechte und Lebensgrundlagen verletzen → E113, E221, E721
Win-Win-Win-Effekt	dreifacher Gewinn von *Beteiligten*, Projektgemeinschaft und Gesellschaft, wenn individuelle Stärken und gemeinschaftliche Ressourcen zum Nutzen aller eingesetzt werden; auch Triple-Win-Effekt genannt → E222, E712
Zeitrahmen	zeitliche Dauer eines Verfahrens bzw. der Herstellungszeit eines Gestaltungselements; Orientierungshilfe bei Baukastenelementen → E333, E832
Zukunftsfähigkeit	vgl. *Nachhaltigkeit*

zweckorientiert	fremdbestimmte, extrinsisch motivierte Ausrichtung, die von Regeln (Dürfen), Sachzwängen (Müssen) und Pflichten (Sollen) des sozialen und immateriellen Umfelds ausgeht; Gegenbegriff: *sinnorientiert* → E211, E212, E411, E712
Zwiegespräch	Besprechung von zwei Personen; vgl. *Gespräch, potenzierte Drei* → E222

Abkürzungen

A	Aktivierungsphase (Phasenpläne)
B	Beispiel-Baustein
E	Essenz-Information
G	Gestaltungs-Baustein
GW	Gemeinsinn-Werkstatt
I	Integrationsphase (Phasenpläne)
M	Methode (Aufgabenprofile)
N	Netzwerk-Information
O	Organisation (Aufgabenprofile)
P	Publikations-Baustein
R	Realisierungsphase (Phasenpläne)
T	Thema (Aufgabenprofile)
U	Unterlagen-Baustein
V	Verfahrens-Baustein
W	Webseiten-Baustein